Vivir *para* vivir

Adriana González

J. BERNAVIL

Firma Editorial J. Bernavil, C.A.

© Vivir para vivir
© *Adriana González. 2023*
Todos los Derechos Reservados.

www.editorialjbernavil.com

@editorialjbernavil

Cualquier forma de reproducción, distribución o transformación
de esta obra solo puede ser realizada con la autorización de su titular.

Edición al cuidado de *Joiner Villasmil*
Maquetación al cuidado de *Daniela Marcano*

J. BERNAVIL

Vivir *para* vivir

Adriana González

FIRMA EDITORIAL **J. BERNAVIL**

Una obra de **Adriana González**

FIRMA EDITORIAL J. BERNAVIL

Esta obra se terminó de editar en las instalaciones de la Organización Literaria J. Bernavil para los Pueblos del mundo en la ciudad de Maracaibo, Venezuela, el mes de agosto de 2023.

Una historia que relata de manera muy personal cómo la adversidad en ocasiones puede darle una vuelta a tu vida y vivir con la alegría necesaria una experiencia de vida satisfactoria.

Adriana González

Prefacio

Esta es una historia muy personal, narra lo que aconteció en mi vida hace ya 21 años. No sé el porque demoré tanto tiempo en consolidar mis ideas, siempre encontré la excusa en el trabajo, en el estar siempre ocupadísima. La verdad era que contar la historia me hacía recordar algunos momentos dolorosos.

A lo largo de mi vida crecí como persona, lloré al rememorar momentos pero sobre todo, aprecié el camino andado y dejé de cuestionarme aprendiendo mucho sobre mí.

Fui anotando a lo largo de 21 años lo que me pareció relevante para colocarlo en el escrito, hoy gozo de tranquilidad y tiempo, así como de la madurez para seguir caminando firme hacia lo que la vida me presente...

Gracias por leerme querido lector.

El inicio

Desperté y aún no veía nada, traté de fijar la vista hacia algún objeto fijo y mis ojos parecían estar cubiertos, en el momento me asusté, no entendía nada de lo que pasaba, entendí que tenía una venda en mis ojos que no me permitía ver en lo absoluto, allí supe que algo terrible había pasado.

Como todo día de verano en Amazonas el sol resplandecía, sin nubes que impidieran ver ese azul llamativo que indicaba que era el día perfecto para un paseo al río. En Amazonas, ir al río es una experiencia única. Puedes elegir playas a orillas del río Orinoco, que de por si es exótico, o simplemente ir más allá, cerca de la selva, para descubrir espacios aún más insólitos.

Era un día de verano, sólo un día más para ser feliz y declararle a la vida el compromiso de vivir. Hicimos un recorrido en nuestro viejo Toyota modificado, con tubos de escape aéreos, y un extra de gasolina por lo pequeño de nuestro tanque y las distancias entre la carretera que separaba Puerto Ayacucho de nuestro destino, así que decidimos ir a Caño Pasa, algo lejos de la ciudad. Nuestra familia, compuesta por cuatro hermosos hijos, Jorge y yo.

La mayor, Alessandra, con 12 años, con su fortaleza de hermana mayor, Etel Melissa de 11 años, tremendísima e indomable, Stephanie de 7 años, dulce y tierna, y César Luis con 5 años, siempre despierto y haciéndole tremenduras a sus hermanas.

Ese día decidimos explorar y pasar el caluroso día de verano en familia, nuestro trabajo en turismo nos permitía conocer lugares distintos a los que usualmente la gente visitaba y hoy nos disponíamos a visitar uno de ellos. Recuerdo que cuando íbamos por la carretera, agradecí en silencio a la vida, por todo lo bueno que me rodeaba y mirando a mis hijos más aún le agradecí a Dios por la familia... todo parecía perfecto.

Llegando al sector escogido por su absoluta soledad, sin la presencia de nadie más, sólo nosotros para pasar un día tranquilo y cruzando una parte del riachuelo, los frenos del carro fallaron, a pesar de que no íbamos a más de 10 km por hora, muy despacio, el carro se enfiló a una piedra, ocasionando que en ese momento se volteara y cayera de un lado, realmente el impacto al voltearse el vehículo no fue de gran magnitud, de hecho, se volteó hacia el lado izquierdo y nada sucedió. Todo pasó en cámara lenta y no hubo ningún tipo de lesión, incluso pregunté una vez que estábamos en esa difícil posición: "¿Niños están bien?" Y todos dijeron que sí, "mami todo bien".

De inmediato le dije a Alessandra que abriera la puerta de atrás para salir, ella obedeció y salió del vehículo, de inmediato el tubo de escape con el calor que salía encendió el tanque extra que llevábamos en el techo y en fracciones de segundos una llama empezó a encender el vehículo, a través de las llamas vi la cara de pánico de Alessandra y me pasé a la parte de atrás volviendo a abrir las puertas y empujando a Etel fuera del carro, cada vez el fuego era más intenso.

Salí del vehículo y le grité a Alessandra y a Etel que se refugiaran en el río detrás de una piedra, Etel había sido alcanzada por las llamas en sus piernas, recuerdo pensar "se salvaron dos" y emprendí la lucha por sacar a los que quedaron dentro del vehículo, cuando regresé el fuego era mucho más intenso, a través de las llamas vi la cara de Stephanie que con dolor me miraba sin atreverse a cruzar la intensa llama que nos separaba, decidí meterme al carro y abrazarla, ella escondió su carita en mi pecho y atravesamos la pared de fuego, corrí y se la entregué a sus hermanas. Con la angustia recorriendo mi cuerpo miré al carro y vi que aún permanecían adentro Jorge y César Luis, decidí regresarme y vi que Jorge luchaba para girar dentro del vehículo dado el volumen de su cuerpo.

César había quedado atrapado entre la cava llena de hielo y bebidas, su cabeza pegada a la lámina caliente quemaba sin contemplación su cuero cabelludo, era un momento de mucha angustia, decidí volver a atravesar la pared de fuego y entre los dos sacamos al niño el cual lo cargué y volví hasta el río donde permanecían las niñas, abrazadas y enmudecidas viendo lo que pasaba a su alrededor.

Aún con César en mis brazos vi que Jorge no podía salir por lo estrecho de la puerta trasera y lo caliente del metal, entregué en manos de sus hermanas al niño y me dije "están a salvo", sin evaluar el estado de sus quemaduras ni las mías y regresé para cooperar con la salida de mi esposo del vehículo, a duras penas logramos empujar la otra puerta que se encontraba ya cubierta con el plástico del contenedor de gasolina y el fuego intenso, que yo presumía en mi angustia que pudiese explotar el carro, lo único que consolaba mi preocupación era saber que mis hijos estaban fuera del alcance de la explosión si eso llegara a ocurrir .

Por la espalda, agarrando la franela toda rota que quedaba en el cuerpo de Jorge Javier, tiré de él hasta que salió del vehículo y corrimos hasta el río donde nos unimos en un solo abrazo y una Oración, que nos calmara a todos y que minimizara la tragedia que empezábamos a vivir.

De los labios de Jorge salió un padre nuestro, agarramos nuestras manos y proseguimos con un Ave María, por mi mente pasaban mil cosas, éramos inmunes a todo, no recuerdo ningún dolor, sólo quedaba esperar por ayuda de alguien en un lugar tan lejano y poco transitado, y por supuesto, la de Dios.

No había pasado mucho tiempo, cuando oímos un camión de carga que pasaba por allí, casi el milagro esperado, no es usual el tránsito de vehículos en esa zona y menos en semana santa, pero allí estaba la ayuda aclamada al cielo y con la disposición a ayudarnos. Al ver el carro en llamas pasó rápido el riachuelo y llamándolos a gritos nos ayudaron a salir del agua y fuimos auxiliados.

Unas manos generosas nos apoyaron en medio de nuestra desesperación, recuerdo haberle dicho a las personas que montaran adelante del camión al niño y a Jorge por lo delicados que se veían y nosotros abordamos atrás, por el momento yo sentía un intenso frío, cuando arrancamos me ofrecieron una toalla para cubrirme, el bamboleo del camión por el momento era el único sonido, no habían llantos ni gritos, solo el ruido de las maderas y los huecos del camino se abrían paso en el silencio que todos guardábamos, el mío, evaluando mentalmente lo sucedido y el de nuestros rescatistas: un silencio respetuoso ante lo que veían sus ojos. En uno de esos golpeteos empecé a ver mis manos que se empezaban a hinchar, me quité el anillo de casada y se lo di a Ale, recuerdo permanecer abrazada a las niñas para darles consuelo, preguntarle a nuestros acompañantes cómo estaba mi cara, ante lo cual un tímido "bien", salía entre dientes como un silbido imperceptible, de allí, queda poco en mi memoria, por mi mente se cruzan aún como retazos, recuerdo a una ambulancia, un decir e insistir que yo estaba bien y luego hospitales, dolor, lucha y sufrimiento.

Avisar

Del largo camino a Puerto Ayacucho solo recuerdo las sombras de los árboles en la carretera y de cuánto faltaba, así como sentía que la ropa se iba pegando a mi cuerpo como otra piel, Stephanie estaba en traje de baño y la marca de la espalda crecía cada minuto, se hacía roja y una gran burbuja se ajustaba en ese espacio de su cuerpo, era preciso llegar, nuevamente el silencio y las miradas se cruzaban.

Llegando cerca del tobogán de la selva un hermoso balneario de Atures, se encontraba una ambulancia por los operativos de la semana mayor y allí el camión se detuvo bruscamente para hacer el trasbordo. Yo aún tuve conciencia, la adrenalina fluía a millón y me bajé, al hacerlo vi unos amigos que venían a Puerto Ayacucho y les rogué que fueran a la casa de mis padres a darles la noticia, les pedí que les dijeran que estábamos bien, pero que fueran al hospital. Por sus expresiones percibí que mi cara no era la misma, pero nada me dolía, nada.

En la ambulancia solo entraron Jorge y César, los demás permanecimos en el camión hasta llegar al hospital. El camino restante, unos 30 km, se me hizo eterno, el frío me calaba hasta los huesos y empecé a temblar sin control, abrazaba a Stephanie quien comenzaba a llorar bajito como si no quisiera molestar, era una sensación de abandono la que me embargaba y al final mi cuerpo cedió y no supe más de lo que sucedió.

Mis padres nunca me hablaron de los detalles de la noticia ¿Cómo la recibieron? ¿Qué hicieron? Solo sé que ambos con un gran temple ser prepararon para vivir uno de los momentos más críticos de sus vidas.

Mientras mi cuerpo y mi mente buscaban refugio en el inconsciente, solo leves sonidos y movimientos era lo que lograba percibir.

Familia

Luis, mi hermano, estaba en casa de unos amigos, cuando escuchó los sonidos alarmantes de la ambulancia, seguidos de unas patrullas como en un desfile, al escucharlo se asustó por lo escandalosa de la caravana y pensó: ¿Qué le pasaría a esa gente que llevaban con tanta urgencia? Decidió desearles de corazón pronta recuperación y bendiciones, casi a la media hora el teléfono de la casa donde estaba sonó y fue llamado de inmediato, alguien lo ubicó para darle la noticia de que habíamos tenido un accidente.

Recuerda salir al hospital muy alterado y pensando lo peor, con furia golpeó el tablero del carro ante la desesperación sin saber los ocurrido, al entrar en la emergencia se encontró a Alessandra muy llorosa pero absolutamente sana, no entendía, esperaba ver sangre y huesos rotos, el momento pasaba como en cámara lenta evaluando la situación, vio a Stephanie y a César preguntando por mí y ambos llorando ya con la ropa hecha pedazos y unas hábiles manos con tijeras cortándolas.

Aun no entendía absolutamente nada, solo Alessandra atinaba a contar pedazos de la historia, logró entrar a la sala donde estábamos Jorge y yo al ver pedazos de piel colgando, y las manos de las enfermeras quitando la ropa entendió la magnitud de la tragedia, alcancé a verlo, eso me cuenta él y solo decía "¡mis hijos, por favor, ve por ellos!".

Luis, mientras el hospital se llenaba de amigos, fue a buscar a mis padres, quienes estaban solos y hechos un nudo de los nervios, recuerda que entre el estado de shock por la noticia que ya les había llegado, manifestaron que no sabían a quién llamar y entre gritos, Luis le dijo: "si hay que llamar a Superman, se llama".

Mi mamá dueña de sí misma buscó el teléfono de Marina mi prima quien siempre estuvo al lado de nosotros luego del accidente. Decidieron ir al hospital con sábanas y algunos insumos.

A la llegada, la zona de emergencia estaba colapsada de amigos, creo que solo en Puerto Ayacucho pasan esas muestras tan cercanas de solidaridad inmediata, amigos y conocidos ofrecían ayuda, incluso los más cercanos se fueron a la casa de mis padres para cuidarla, un gesto que les daba tranquilidad.

Entre las carreras de los médicos hubo un doctor que no era de Puerto Ayacucho y que estaba de vacaciones, se presentó como especialista en quemaduras, nunca supimos su nombre pero estando ya en terapia intensiva le sugirió a mi familia, que nos sacaran inmediatamente puesto que aquí no habían los insumos y que Stephanie también saliera porque según su evaluación también corría peligro.

Luis empezó a hacer contactos y cuenta que pasó la noche con nosotros, solo habían tres camas, en una me encontraba acostada y sedada con César Luis a mi lado, quien no quería separarse de mí, afortunadamente Etel tenía una extensa, pero no tan profunda, quemadura en su pierna y estaba en emergencia pero no de cuidados intensivos. Luis y mi mamá pasaron toda la noche dándonos agua para mantenernos hidratados y fueron testigos del proceso de hinchazón en nuestros cuerpos y como iban desfigurándose nuestra habitual figura.

Al día siguiente fue contactada una Aero ambulancia quien nos trasladó a Jorge y a mí, los niños fueron trasladados en otra y mi hermano no quiso que fueran solos, pero estaba en la disyuntiva de dejar a mi mamá sola, a su lado Bernabé Gutiérrez, gobernador en ese momento, le ordenó al piloto que llevara a Luis y lo regresara ese mismo día.

Segundos chances

Escuchaba a lo lejos el sonido del televisor, me revolví y no podía moverme, traté de levantar mis brazos y me di cuenta que estaban amarrados a los tubos de la cama del hospital... ¿cuál hospital? Aún no sabía qué hacía ahí, un coma de más de un mes y una lucha con la muerte llegaba a mi memoria a pedazos, en el fondo, el sonido del televisor que señalaba que un boxeador mordía la oreja de su contendor y en el momento sonaron alarmas que hicieron suponer al personal de enfermeras que la paciente del letargo, estaba despertando.

Aún sin entender nada, sólo sentía varias manos y voces que me decían que todo iba a estar bien.

Una vez ya despierta empecé a preguntar por mis hijos y como era muy tarde no habían familiares cerca que pudieran confirmarme nada, la unidad de caumatología por razones médicas no permitían la presencia de acompañantes, sin embargo, a mis preguntas, las voces llenas de gentileza y compasión del personal respondían, están bien, están muy bien.

Despertar y empezar a recordar lo que sucedió, hacía que a ratos me agitara; poco a poco mi mente se aclaraba, no podía ni quería dormir, sólo quería saber qué nos había pasado, quería que amaneciera y escuchar la voz de mis hijos diciéndome que todo estaba bien.

Cada vez que me movía y me revolvía en la cama sonaban alarmas y corrían las enfermeras a cada silbido de los aparatos de apoyo vital, era yo queriendo moverme, quitarme las sondas y salir corriendo a mi destino, pero todo era inútil, mis brazos estaban sujetos a las barandas y ninguna fuerza me acompañaba.

Solo unas manos solidarias me pedían calma y un nuevo medicamento me volvía al sueño aletargado y pesado por los somníferos. Cuando volví a despertar ya había luz y una molestia en mi garganta no me dejaba tragar fácilmente la saliva que estaba produciendo por la ansiedad.

Empecé a recordar esos días borrosos, empecé a rememorar, los primeros auxilios en Puerto Ayacucho, las carreras de los médicos, enfermeras y amigos para lograr estabilizarnos, en Ayacucho todos nos conocemos y nuestro accidente había movilizado a un sinfín de personas que querían colaborar, vino a mi mente un avión de la gobernación del Estado Amazonas, y que su gobernador para ese entonces, Bernabé Gutiérrez colocó el aparato a disposición para que sirviera de Aero ambulancia y nos trasladaran a San Cristóbal, donde en un hospital seríamos atendidos Jorge, César, Stephanie y yo quienes habíamos sido los más afectados en el accidente. Llantos, miradas sorprendidas y palabras de aliento son mis recuerdos sobre los momentos agitados en Amazonas.

Llegamos a San Cristóbal en un momento crítico, había una huelga de Hospitales, más sin embargo a través de algunos contactos de mi papá y dada la gravedad de nuestra situación, nos hicieron un espacio en el recinto, mi padre con la angustia natural recibió el apoyo incondicional de una familia de Amazonas cuyo hijo vivía allí, así que Dios seguía sosteniéndonos en este camino, Tinito, diminutivo de Constantino, no se separó de nosotros, en esos momentos críticos.

De esos días en San Cristóbal sólo recuerdo cortos espacios. Uno fue el preciso momento cuando en una revisión médica alguien dijo: "están muy verdes", la gravedad de la quemadura nos había dado una tonalidad verdosa con un grado altísimo de infección, también en una especie de bruma recuerdo haber hablado con Jorge en inglés, realmente no sé si pasó o no pero fue una discusión para mi entender acalorada, ese tono verdoso, altas temperaturas y una gran dificultad respiratoria eran los ingredientes perfectos para morir en el hospital, y sin el debido aislamiento la situación se complicaba aún más, allí simplemente moriríamos, no habían los insumos necesarios y sólo mi padre acompañado con Marina, mi prima, que habían permanecido con nosotros debían tomar una decisión al respecto, se unían las dificultades financieras, no teníamos seguro médico, asunto que complicaba más nuestro traslado.

Jorge tuvo un paro respiratorio, así como un infarto y hubo que entubarlo, así que todo parecía estar llegando a la desesperación.

Allá en Amazonas, mi mamá había quedado a cargo de Ale quien no había sido tocada por las llamas pero quien tenía la carga emocional de hermana mayor y Etel quien sufrió quemaduras en su pierna de cuidado. El tiempo y las circunstancias apremiaban, la intubación de emergencia por paro respiratorio alejaba a Jorge de su posibilidad de seguir viviendo, parecía sólo cuestión de tiempo.

En Venezuela la bondad y la solidaridad siempre gana y una llamada cambiaría nuestro destino, el mismísimo presidente Dr. Rafael Caldera, quien recibió la noticia de esta tragedia familiar y que en algún momento conoció a mi papá como sanitarista y hombre de Estado, le llamó:

—Gonzalito, ¿qué está pasando con tu familia?

A lo cual mi padre respondió:

—Señor Presidente, los estoy viendo agonizar y morir. Al otro lado de la línea se escuchó un largo silencio y luego una esperanza.

—Tranquilo Gonzalito, ya te van a llamar. Contaba papá que fueron largos minutos hasta que un ministro le comunicó, prepárenlos que van a la Unidad de quemados en Maracaibo en el Coromoto, a las pocas horas estábamos siendo trasladados a nuestro nuevo destino.

La unidad de caumatología en el Coromoto, para ese entonces era la mejor de Latinoamérica, con la más preciada tecnología y un equipo de cirujanos de primera. Nuevamente la mano de Dios se hacía presente.

Otra vez un soplo como rocío en mi mente recuerda llegar a Maracaibo y una voz de los camilleros que miraba nuestra entrada por la emergencia del hospital comentó al ver cuatro cuerpos verdes y dijo:

—Llegaron 4 cadáveres.

No imagino la angustia de mi padre al oír tan pocas alentadoras noticias, de esos momentos en mi mente se hace otra vez el vacío y el silencio, y el dolor invadiendo hasta mis recuerdos, no recuerdo más, nada más de esos angustiosos instantes, mi cerebro se desconectó ante tanto dolor e incertidumbre.

Riesgo

La situación en el hospital Coromoto era crítica, incluso hubo una reunión con nuestras familias, para la fecha ya estaban en Maracaibo la mamá de Jorge y su hermana por lo delicado del panorama.

El pronóstico médico no era alentador y el grado de las quemaduras era altísimo y la superficie de nuestra piel quemada en un alto porcentaje, los médicos fueron muy claros, Jorge y yo pendíamos de un hilo, como ambos estábamos conectados a un soporte vital sugirieron la posibilidad de desconectarnos si no se avanzaba en la recuperación, a eso hubo un largo silencio por parte de los nuestros, esa decisión, me imagino de las más difíciles, debía tener una carga de valentía el tomarla, el silencio fue roto por mi padre y Marina, por mi lado no había autorización, algo les decía que yo seguiría luchando hasta el final.

A lo largo de los días no parecía haber mejoría, incluso César Luis y Stephanie estaban estancados en su recuperación, fueron días y noches de angustia para quienes nos rodeaban, cadenas de oración y viajes de amigos para solidarizarse con nosotros representaban un aliciente para mi papá quien llevó la carga del día a día en Maracaibo.

En Puerto Ayacucho tampoco era fácil aunque no de gravedad. Etel evolucionaba lentamente a las curas diarias y mientras Alessandra emocionalmente desconcertada era alentada a pasar días en casas de amigos que eran casi familia con el fin de distraer la carga emocional de la que era presa. Para nadie era fácil, toda la familia debía luchar con sus propias experiencias, de todo esto salimos más fortalecidos y con la convicción de que la solidaridad es una gran aliciente en tiempos difíciles.

Enseñanzas

La mente humana, nuestro espíritu, nuestra alma, nuestro yo superior, juega a rescatarte, algunas de las cosas que pasaron podrían ser catalogadas como un escape mental, otras como un regalo de crecimiento personal. Yo elijo creer que todo lo que sucede sirve para crecer y demostrar que vivir es una elección, decidir cómo se vive, es otra elección casi tan importante como la primera.

En esta experiencia ocurrieron cosas muy particulares, en los registros que cuidadosamente guardaba Marina quedó registrado un 7 de abril, donde yo sin signos de conciencia me agitaba y sólo se escuchaba un déjame, déjame no me quiero ir, no puedo ir, ese día Jorge abandonó su cuerpo y decidió ir al infinito, cerquita de Dios, lo curioso, lo que llamaba la atención a los presentes, era que ese día yo estaba agitada y sólo decía, no me quiero ir, no me puedo ir.

Jorge, antes de su partida, decidió visitarme en espíritu y decirme vamos, hay otros caminos que recorrer y en mi mente en esa lucha espiritual, sólo pensaba en 4 niños huérfanos y eso me dio el coraje para negarme a ese recorrido a otras dimensiones, debía quedarme, estar con ellos y proseguir mi misión de vida, tal vez la más importante. Recuerdo ver su figura resplandeciente, sentado al lado de mi cama, sin tocarme, era tan real nuestro diálogo, como cuando insistía en alguna cuestión cotidiana.

Ante mis innumerables negativas, Jorge Javier desistió de tratar de convencerme de irme con él, yo estaba tan clara en mi decisión, a sabiendas que era una despedida de ambos, pero segura que lo que me tocaba vivir en este plano estaba sin concluir, al final accedió y me dijo: "está bien, te apoyaré en la sanación", una sonrisa se le dibujó en su aspecto que cada vez parecía más resplandeciente.

No entendí al principio de qué se trataba, pero inicié un viaje, un camino hacia ese hilo que me permitiría seguir con vida y ver crecer a mis hijos. En mi inconsciencia sabía que ésta iba a ser una nueva etapa de mi vida terrenal. Ese 7 de abril quedó registrado cómo los aparatos a los que estaba conectada se disparaban en alarmas que hacían sobresaltar a las enfermeras, quienes temían que me diera por vencida.

Volver a nacer

¿Un viaje cósmico? ¿Un viaje astral? No lo sé, pero los deteriorados cuerpos de ambos quedaron allí en Maracaibo. El de Jorge Javier yacía listo para su respectiva acta de defunción, el mío con un ochenta por ciento de quemaduras de tercer grado, rostro desaparecido, brazos, cuello y piernas a la espera de mi decisión personal de vivir o no.

La decisión ya tomada y la mejor de las atenciones médicas, se conjuraron para vivir, aún en coma ese día de abril, salí, volé, luché y me preparé en el más maravilloso viaje para regresar a mi vida habitual. Jorge Javier alargó el brazo señalando el primero de algunos destinos que serían tocados en mi sanación.

Maracaibo, cerquita, hacia la frontera con Colombia donde los Wayúu o Guajiros, una de nuestras etnias indígenas de Venezuela, fue la primera parada de este viaje. Reconocí sus trajes de múltiples colores, en las hermosas batas que llevaban las mujeres del clan e'iruku. Danzaban alrededor de unas ramas con fuego y aromas de plantas recién cortadas, una música que era seguida de un movimiento circular. Yo sólo veía, Jorge Javier se acercó a un hombre, quien parecía descansar y luego de escuchar con los ojos cerrados (no sé si dormía), se levantó y ordenó a las danzantes parar y contarles lo que en un aparente sueño había recibido.

A su voz me acerqué lentamente a las plantas, el fuego se volvió un humo con aromas a hierbas que rodeó mi espíritu y ocasionó una especie de purificación en mí. Por largas horas se mantuvo el rito, cantos, humo, cantos, bailes, humo, así una y otra vez, no sé por cuánto tiempo exactamente, pero allí entre la humedad, y la sed que esto me producía, sentía mi cuerpo liviano, ligero como una hoja movida ágilmente por el viento, sólo me molestaba la humedad y lo pegajoso de mi piel. Incesantemente por mis ojos se desplazaban las imágenes una y otra vez. De pronto me vi montada en una carroza llena de colores y flores, como esas de carnaval, seguida por muchos carruajes más del mismo estilo, yo vestía una resplandeciente bata guajira iluminada, no sé cómo, con colores brillantes. La música que escuchaba alrededor eran los mismos cantos de la hoguera en la comunidad y mi cuerpo se balanceaba subida en lo más alto del carruaje.

El hombre mayor que dirigía la ceremonia, era el mismo que animaba el fuego y las danzas en el clan, solo que ahora las carrozas iban en dirección a una gran luz, tan cegadora como el mismo sol, y los canticos parecían cesar a medida que llegábamos a la luz.

No pude percibir más nada, hasta que una palmada en mis hombros señaló que era hora de moverme de ese lugar, entre pasos arrastrados y somnolienta por la humedad, tomé con firmeza la mano de Jorge y seguimos, no puedo explicar cómo me desplacé, no recuerdo volar y mucho menos caminar, lo cierto es que llegué y llegué a un "tipi", esas viviendas con forma de cono, con olor a piel de animal y con mucha calidez.

El fuego central de la vivienda hacía que el calor me abrazara y generara mucha angustia en mí y un gran dolor en la piel, una mano muy firme me obligó a mantenerme acostada al lado y no me atreví a moverme del sitio, el lugar sólo tenía la luz de la hoguera y apenas pude percibir esa mujer grande que se mantenía cerca de mí y que eventualmente colocaba una toalla húmeda en mis labios, pero se mantenía atenta para evitar que me moviera.

Alrededor de la hoguera habían otros observadores de los cuales sentía su mirada, nada más; me encontraba acostada en el piso, directo al suelo y con la cabeza fija hacia el techo del tipi donde a lo lejos se veían las estrellas que coronaba la noche.

La presencia de Jorge Javier era para corroborar que estos encuentros eran curativos, debía dejar que los efectos de las tradiciones ancestrales a las cuales estaba siendo sometida pudieran funcionar.

El hecho de estar allí me hacía pensar que estaba en América del norte y que ese tipo de vivienda cuyo nombre es tepee o teepee, significaba algo muy valioso para mí en esas circunstancias, ya que traducido significa "para vivir", un asunto que yo estaba decidida a hacer, vivir.

La terapia de sudor a la que estaba sometida era incomoda, mi piel se caía a pedazos, por cada pedazo que caía, un canto como una breve oración se escuchaba y la mano firme de la mujer impedía que me levantara y corriera a buscar un río donde refrescarme o un lugar donde llorar mi dolor a solas. Poco a poco mi piel estaba en el piso y mi cuerpo era cubierto por raíces y plantas que junto a unas precarias vendas sustituían lo perdido. Mi cuerpo cedió ante el dolor, ante la muda de la piel olorosa a humo, a quemado, y se fue llenando de olor a hierbas y a tierra, pero más que ese olor, la armonía y la tranquilidad parecieron llegar a todo mi ser, sólo allí descansé y me dejé llevar por la luz de las estrellas y la mano áspera de aquella mujer, que ahora parecía acariciarme, dándome consuelo.

Mi cuerpo físico, estaba ahora sedado y mi alma estaba en paz, secretamente entendí que mi decisión había sido la correcta, no era mi tiempo, nuestro acuerdo de almas, la mía y la de Jorge cumplían con su trato, solo en el amor, solo bajo esa corriente es posible detectar, cuán grande y valerosos somos, bajo estas circunstancias el amor es la única fuente que nos puede mantener conectados y seguros de nuestro destino, allí entendí muchas cosas que luego de largos años mi inconsciente trae a lo consciente.

Qué alegría conectarme con la vida y saber que lo que decidí con la ayuda del padre ahora es posible.

Otros lugares...

Me desperté nuevamente flotando en un río, las vendas, las hierbas y el olor a tierra se escurrían entre las aguas, ahora lavaban mi cuerpo y sentía las manos gentiles y muy delgadas de tres mujeres amorosas las cuales me sostenían para que yo flotara, yo estaba muy tranquila, la armonía encontrada por mi espíritu en el tipi se mantenía y el alivio del agua fresca lavándome los girones de las vendas, salían sin ningún esfuerzo, eso me permitía soñar, soñaba con los verdes del Amazonas, con mi hogar y sobre todo con la vida que aún me tocaba vivir.

La vestimenta femenina que me sostenía me indicaba que estaba, tal vez en un río sagrado de la India, y tal vez pensé, pueda encontrar algo del nirvana y liberarme del sufrimiento y empezar con un nuevo renacimiento, esa idea me consoló y sólo repasarla en mi mente hacían que el dolor fluyera y la calma se mantuviera, fueron largos ratos flotando, sólo interrumpido por un canto a lo lejos u otras personas chapoteando agua a quien, según mi parecer no les parecía nada extraordinario ni fuera de lo común mi presencia.

Las tres damas de manos frágiles y huesudas que con una sonrisa imperturbable aún me sostenían. El contacto del río hizo su efecto, quitó las vendas y las hierbas, y el frío vino a mí, comencé a temblar y mi cuerpo se estremecía cada vez con más frecuencia, pero al final las manos frágiles que me sostenían indicaban que aún no terminaba, esperé con suma paciencia. Esta nueva experiencia traía una imperturbable serenidad, solo tenía que "ser" ese era mi trabajo, no debía ni siquiera interrumpir con preguntas lo que estaba tan claro, podría verse como una tragedia o podría aprender de ello. Los cantos lejanos llamaban mi atención y el paso de un cuerpo inerte rodeado de luces y flores me volvían a repetir que aún ese no era mi destino, al verle pasar el miedo quiso apoderarse de mi ser pero la mirada fija de Jorge en las alturas me devolvió la serenidad del inicio, recordé además una frase que él solía decirme y que solo mucho tiempo después entendí "el miedo es del mal, del diablo, de la oscuridad" y sí, en efecto, el miedo es lo opuesto al amor, y como Dios es amor, no podía darle cabida en mi existencia, me aferré a su mirada fuerte y fija nuevamente.

Las mujeres habían logrado deshacerse de la tierra y la humedad por completo y la tranquilidad me devolvió el calor a mi cuerpo. Y luego nuevamente la calma volvió para hacerme despertar en un nuevo lugar.

¿Más allá? No lo sé, ¿fuera de este mundo? No lo puedo responder, sólo recuerdo un espacio muy limpio, con olor primoroso a impecable, con colores muy tenues, una lámpara con luces muy blancas sobre mi cuerpo a una distancia que permitía a todos observarme en esa sala de luz resplandeciente y extremadamente limpia.

Sobre la lámpara estaba una persona sentada y como flotando me observaba, logré afinar la vista y era ella mi tía-abuela, solía decirle mabeba, una apócope doble de "mamá vieja", como eso de mamá vieja, para una persona tan activa, alegre y sobre todo coqueta, no era muy adecuado para ella, adoptó el mabeba como su nuevo nombre con alegría cuando de pequeña se lo coloqué.

La mabeba crió a mí mamá y al yo nacer me hizo su preferida, durante mi niñez, adolescencia y juventud estuvo para mí y en ese momento crítico, su presencia era tranquilizadora y vigilante, me hacía sentir que todo saldría bien, ella hace rato que había partido de este mundo, pero en este viaje que hice, su presencia significaba que todo iba a estar bien y ella habitaba mis sueños, pernoctaba en mis vigilias, estaba para garantizármelo.

Ella bajó su mirada, vigilaba todo lo que pasaba a mí alrededor, gente con resplandecientes trajes blancos sin rostros definidos se movían a través de la sala y sólo escuchaba sonidos de máquinas y luces de colores que servían de rayos que eran aplicados a mi cuerpo.

Nunca entendí cómo funcionaría, pero la asepsia, el olor y "la mabeba" me daban confianza. Esperé pacientemente, con los ojos cerrados a veces, y otros mirando la lámpara y a mi tía, quien sólo mostraba una sonrisa de complacencia por lo que sucedía, nada me dolía, nada me perturbaba y parecía un buen lugar para estar. Luces de colores pasaban y pasaban, no tenía frío ni calor.

Dejé de ver a Jorge y entendí que en ese momento la tarea de guiarme le correspondía a la "mabeba", recordé junto a su mirada, sus cabellos de colores cada semana que la hacían distinta a todas la demás señoras, su libertad de ir y venir a donde quisiera viajar, sus guisos y sus hallacas, sus pinturas de labios, su música, los bailes con la Billo's pero sobre todo su empeño de estar en mi vida siempre para mí, guiándome, sacándome incluso a veces de mi casa bajo las bravuras de mi papá, para que bailara e hiciera lo que me correspondía a mi edad. "Mabeba" bella, gracias, aún en otro plano viniste a guiarme y a estar para mí.

Envuelta en ese halo de paz y agradecimiento, no supe cuánto tiempo pasé allí, incluso sentí que no me quería ir de ese espacio. Pero la tarea estaba por terminar, llena de amor, debía continuar, quería seguir suspendida en ese instante; sin embargo, se había completado el trabajo.

Me encontré de pronto sumergida en una piscina plateada y sólo mis ojos estaban afuera, me llamó la atención que mi larga cabellera había desaparecido y que completamente desnuda estuviera bajo ese líquido que era denso y con sabor metálico.

Trataba de identificar lo que había alrededor, unas paredes de cerámica blanca, luces en el techo, muy opacas, sin resplandor, sentí una punzada en mi estómago como cuando reconoces que algo inesperado va a suceder y finalmente vi a Jorge a lo lejos con su mirada de ceremonia de despedida, con esos ojos de los que me enamoré y con una enorme sonrisa de aliento por la compañía.

Sentí un dolor indescriptible, ese dolor que sólo se siente cuando se pierde lo amado, lo querido. Me perdí en su mirada, en su hermoso cuerpo pero sobretodo entendí que ese era nuestro acuerdo, para eso nacimos y para esto nos encontramos. La decisión ya había sido tomada, en casa me esperaban mis hijos y una familia angustiada por mi destino.

Jorge se fue diluyendo pedazo a pedazo ante mis ojos, brazos, piernas, cuerpo, como algo desmontable y hasta desaparecer de mi vista

Podrás hacerte cargo

Nuevamente el ruido del televisor y sus luces intermitentes se reflejaban a través del vendaje de mis ojos, mis manos permanecían atadas a la cama del hospital, me embargó la angustia de no saber si podía caminar o no, si lo que me había ocurrido había comprometido mi movilidad en las piernas, eso para un ser inquieto como yo, era una preocupación, decidí aún estando amarrada mover mis miembros inferiores haciendo bicicleta, cada vez que lo hacía sonaban las alarmas y las diligentes enfermeras, al principio, corrían en mi auxilio y luego al ver que era yo con mis intentos de hacer ejercicios en la cama con tal grado de energía ya no constituía ninguna novedad y volvían a su rutina habitual. El ruido a veces era tan intenso que cuando comprobaban que era yo ejercitándome regresaban a sus labores de las cuales solo las sacaba el molesto pito de ayuda vital que hacía sonar a todas horas.

Alessandra y Etel permanecían en Puerto Ayacucho y bajo el cuidado de mi mamá, estaban bien, dentro de todo lo que a su corta edad les tocó vivir, enterrar a su padre y no saber con certeza lo que pasaría con el resto de su familia.

La familia de Panamá decidió viajar a Puerto Ayacucho para darle sepultura a Jorge en el lugar donde decidimos hacer nuestro hogar, su mamá con un inquebrantable porte debía enterrar a su único hijo varón que quedaba con vida.

Una tarea muy dura, con resignación fue llevado el cuerpo de Jorge a la cámara de comercio que con tanto entusiasmo ayudamos a construir para que amigos y conocidos le dieran el ultimo adiós.

Las severas quemaduras que sufrió su cuerpo no le permitieron seguir en la lucha, fue mucho lo que perdió en el accidente, partes enteras de su cuerpo eran irreparables, y Jorge era un hombre demasiado bello, varonil y elegante para encadenarse a vivir en un cuerpo que atrapara su espíritu guerrero.

Fue enterrado con honores y muchas tristes despedidas por parte de todos.

Los tíos políticos de las niñas se encargaron de prepararlas para la fatal noticia y con dolor pero entereza Alessandra y Etel se sumieron en la tristeza de perder a su padre, que sin duda había sido amable, consentidor, salvador ante mis regaños y amoroso con las niñas.

Jorge siempre soñó con una gran familia, y la tuvo. Meses antes del accidente en una conversación, Jorge me preguntó si yo sería capaz de hacerme cargo de la familia, no sé a qué vino la conversación, pero esa fue su pregunta, a lo cual yo le dije que sí, por supuesto, yo sabía no solo cuidarlos sino administraba parte de la empresa de turismo.

Esa pregunta que me hizo volvió años después a mi cabeza, con la duda de si algo presentía Jorge en ese cuestionamiento.

Los que quedan en casa...

La agonía de la familia que queda en casa es terrible, saber que pasaba con nosotros, la soledad de asimilar esta tragedia, cuenta Luis, mi hermano, que él iba a mi casa y veía los juguetes de los niños y aprovechaba para llorar todo lo que tenía por dentro, debía además alimentar a Caramelo un viejo chow chow que era nuestro y que vivía ajeno a la tragedia.

Cada día que pasaba luego de la muerte de Jorge era terrible para ellos porque los médicos seguían anunciando que yo no salía del coma y era como si se le cayeran pedazos del corazón.

Ellos entendieron que solo debían concentrase en las niñas y en la oración de la salvación nuestra, a medida que pasaban los días y meses parecía haber una esperanza de que venciéramos esa barrera contra la muerte, la fe los sostenía y alimentaba la tremenda tarea de cuidar todo los detalles.

Mi hermano se mantenía en comunicación con Juan, mi hermano menor, quien ya vivía en los Estados Unidos, a Luis le tocó vivir la tragedia y no poderse mover por estar a cargo de todo, me cuenta que meses después cuando ya yo despertaba, el cansancio y la frustración lo tenían agotado. Un día limpiando el patio y dándole comida a Caramelo, este se le colocó al lado y levantó su pata orinando a Luis, él se sentó y lloró durante horas, fue el detonante ante tantas emociones que él y mi familia habían vivido .

Creo que no existe una mejor familia que la que me tocó, valiente, armoniosa y sobre todo amorosa, su amor allanó gran parte del camino que nos tocó vivir y aun hoy en día hacen que mi vida sea especial. Nunca me sentí sola, mis hermanos son mis hijos también y solemos tener juntos una chispa que hace amar la vida.

Hacer la tarea.

Ahora era que empezaba la tarea, una angustia natural era saber de mis hijos, y una vez que recuperé la conciencia, la primera llamada en recibir era de Alessandra y Etel quienes desde Puerto Ayacucho y luego de pasar por el terrible momento de la despedida, incluso los comentarios y rumores de que yo también fallecería y que por cosas de la vida esto llevaría a la separación de los cuatro hermanos.

Me llamaron, yo poco podía hablar a través de las vendas, escuchar sus voces era la alegría más grande que pude recibir, con sus voces entrecortadas y un "mami" a lo lejos fue el aliento necesario para seguir luchando y moviendo mis extremidades para hacerlas más fuertes.

La quemadura de Etel en la pierna sanó como se esperaba, no sin sufrir dolores extremos que sólo las atenciones y el amor que recibía de parte de su abuela la sanaba.

Alessandra siempre jugó su papel de hermana mayor y sus tíos la llevaban de casa en casa para distraerla, Ale había conocido bien a su papá y era además la hija del amor, era perfecta al nacer, hermosa y llena de amor, su joven corazón quedó destrozado con la carga que llevaba y de allí que se aferró al papel de hermana mayor.

Mis chiquitos Stephanie y César, los pude oír y delimitar mentalmente sus siluetas desde las paredes de vidrios por las que estábamos separados, no los vi, no los podía ver ya que la perdida de ambos parpados hacía que mis ojos estuvieran vendados hasta que una cirugía pudiese devolverme mi cara totalmente derretida por los efectos del fuego.

Cada día que pasaba era un reto para nosotros, para mí, quien luchaba por vivir y por el momento esa batalla parecía ganada, estaba estable, pero en cama con intervenciones y limpiezas diarias; sino también para cada uno que libraba su propia batalla.

Los más pequeños

Stephanie, parecía ser la primera en salir adelante de la mano amorosa de su tía Isa, ya cantaba para las enfermeras y le hacían sus mallas especiales a las que le añadían sombreros de colores para animar a la siempre bella princesita de la casa, quien por fortuna se quemó espalda, brazos y piernas dejando su hermosa sonrisa intacta para la vida.

A Stephanie, cuando ocurrió el accidente, se le descuadró el mundo de fantasía en el que vivía, ella dueña de los jardines y hadas que rodeaban nuestro hogar, pasaba horas hablando sin cesar con todo lo que le rodeaba, recogía flores y caminaba por el jardín sin atreverse a meterse a la selva colindante donde desafiantemente jugaban sus hermanas mayores, ella era la chiquita, la princesa, y alguien de su categoría solo jugaba en el jardín, eso sí, descalza, libre, en contacto con la tierra.

Uno de sus brazos estaba pegado a su cuerpo, su espalda severamente quemada guardaba la forma del traje de baño que usó aquel día, sus piernas también presentaban serias dificultades.

Su recuperación avanzaba, terminó siendo la princesa de la unidad de caumatología, su tierna sonrisa a flor de piel hacía que las enfermeras aguardaran turnos para contarle cuentos y llevarle algún juguete.

Era una sobreviviente que aún le faltaban varias operaciones antes de salir a la calle y rehabilitación para recuperar sus movimientos en especial el del brazo pegado. Cantaba lo que le pedían y así entre coquetos lazos y boinas iba avanzando en su propio camino.

César Luis pasó largas noches agonizando, bajo los rezos de quien luego sería su madrina y de mi papá que adoraba con locura a su nieto, su cuerpo se quemó extensamente y su cabeza al permanecer al contacto con el hierro caliente le procuraron heridas visibles. Sus días de sufrimiento y miedo eran acompañados de oraciones y ruegos.

César parecía tener un destino sombrío según los pronósticos médicos, su cara había sufrido quemaduras visibles, pero lo más comprometido eran sus piernas y brazos, lo que más les preocupaba a todos era su cabeza donde una inmensa burbuja cubría su parte occipital.

Mientras yo permanecía en coma, César Luis luchaba por su vida, unos días eran mejores pero a veces los médicos se desanimaban por lo lento de las respuestas positivas, algunas noches decían, de hoy no pasa, a decir, ya pasó lo peor. Agradezco haber estado dormida y no vivir esa angustia y bendigo a Cecilia quien junto a mi papá no dejaron de orar por la sanación de César.

El temple, la vitalidad y el amor de mi niño lo llevarían a luchar para sobreponerse ante tanta adversidad y lo logró, luego de esas incontables horas pasó el peligro y una tímida sonrisa salió de ese niño flaco pero determinado a disfrutar de la vida y ser feliz. Poco a poco comenzó a recibir injertos y estos a convertirse en su nueva piel, así como a despejar sus piernas de donde se habían pegado y pronto estaría listo para la rehabilitación.

La piel de los humanos es muy sensible, incluso cuando estamos buenos y sanos, sentimos, transpiramos y percibimos hasta malos presagios, no se regenera de un día a otro, incluso sirve de termómetro para saber si estás tranquilo o algo te angustia. Si no pregúntese y sienta su piel, ella casi habla sola.

Mi piel no pegaba, injertos por aquí y por allá, algunos con éxito otros como rompecabezas que no encajaban o se caían en pedazos, como jarrón roto en el piso. Los médicos solicitaron una foto mía, para empezar con la tarea estética de mi rostro, pero mi piel se resistía y la frustración a veces apremiaba.

Habían días buenos donde sabía que algún amigo de los tantos que vinieron estaba por fuera del cristal visitando, y otros donde me perdía en el dolor y no sabía qué pasaba, las vendas húmedas delataban que lloraba y la segunda reconstrucción de parpados no funcionaba. Yo poco o nada hablaba, mi voz no era mi voz, era una cosa prestada.

La piel, la piel habla de alegrías, de historias pero también de tristeza, y la mía no pegaba porque mi ánimo no era bueno, había ganado la batalla a la muerte pero aún no le ganaba a la realidad que estaba viviendo.

Por mi mente cruzaban preguntas, que no podía hacer, mi voz no ayudaba, cruzaban dudas de cómo iba a continuar y eso al final se reflejaba en la piel que se resistía a crecer en mi cara, que se negaba a devolverme mi tez.

Una visita, unas manos amorosas pueden convertir la tristeza y el llanto en esperanza y seguramente todos en algún momento hemos sentido esas manos sublimes de una madre.

Mamá

Mi mamá llegó a Maracaibo luego de que Alessandra estuviera más tranquila y de que Etel quedara relativamente restablecida, no imagino la angustia de ella, el estar lejos de mí y no saber si alguien le decía la verdad o no sobre si había ganado la batalla contra la muerte.

Sin embargo, la fortaleza de mi mamá la llevó a orar con devoción y a saber que su lugar era al lado de las niñas grandes quienes necesitaban del apoyo necesario para superar las adversidades.

La voz de la enfermera me anunció una visita que yo no esperaba cerca de mí, hasta ese momento sólo permitían que se pararan detrás del vidrio, donde usualmente ni abrían la cortina porque yo no me daba por enterada.

—Tú mamá, Adriana.

Esas palabras que vale más que cualquier tesoro resonaron en mis oídos y sobre todo en mi piel. No la veía, pero la sentía, su cálida mano estaba allí, sanando mis heridas y sus palabras dichas muy bajitas.

—Mi niña.

Fueron todo para mí, mis lágrimas como respuesta a sus caricias, fueron el detonante de esperanza y amor que me fortalecían, pasó sus manos por mi frente, por mi cabeza, sin más nada que decir sólo sentir y saber que las cosas volverían a su lugar.

El amor sana, cura, es todo finalmente en esta vida, es la chispa que se enciende para acercarnos más a Dios y saber que su poder potencia mi poder interior. Ese día con el amor de mi madre, caminé por campos llenos de flores, de colores, de aromas, en fin, de vida, y fue el impulso para que ese rompecabezas que era mi rostro se fuera armando para algún día caminar con la frente en alto.

Caminar y saltar

Ver a lo lejos un niño brincar y saltar es tal vez una de los regocijos más grandes que unos padres puedan tener, puede que usted no lo perciba y lo vea como un hecho cotidiano y a veces se le escape una expresión "quédate quieto y tranquilízate", cuando son cuatro brincando y saltando a la vez la tarea es más difícil y buscas en el aire un respiro de tranquilidad, ya que brincar y saltar es lo usual, creo que muy pocas veces que en mi casa alguien estaba quieto.

Volver a pararse sobre tus pies lo hacemos sin ni siquiera pensarlo, es automático y nunca pasó por mi mente, que ya no pudiera hacerlo. Mis crisis se iniciaban con ese nefasto pensamiento y terminaban con los ejercicios precarios de bicicleta que me había autoimpuesto.

Una vez que mis parpados pegaron y empezaron a proteger mis ojos nuevamente, que mi nariz fue colocada en su sitio y que mis piernas sanaron, vino el grupo de médicos a decirme que a pesar de las vendas debía iniciar mi fisioterapia.

La alegría hizo que mi corazón diera vueltas y saltitos de emoción, la prudencia indicaba que esto debía ser muy despacio, varios meses en cama, un coma profundo y heridas no eran asunto de pasar de una vez a correr, pero mi entusiasmo por caminar y poder tener contacto con mi familia sin peligro de infección, eran parte de las buenas noticias.

Los doctores indicaban, sólo sentarse en la cama y pararse con ayuda. Yo no tenía mucho que decir, aún mi voz no salía con claridad, el tiempo de intubación y la ausencia de mis labios impedían que mis palabras fueran lo suficientemente claras, y además, en honor a la verdad, mi voz no era mi voz y no me gustaba, pensé debía trabajar en ello.

El siguiente día las cortinas se corrieron y empecé a estrenar mis hermosos parpados, abrí lentamente mi mirada al lejano edificio rojo que se veía por los ventanales y desde allí vi el cielo azul de Maracaibo, me habían anunciado que las visitas de familiares y amigos podían hacerse a través del cristal, pero la visita más esperada era la de mis pequeños que aún estaban en el hospital, ya en rehabilitación y listos para pronto salir de allí. Ellos sí podían entrar y como un regalo del cielo nos podíamos reunir.

Brincar y saltar no lo podía hacer, pero ese corazón brincaba y saltaba de emoción al verlos, como una fiesta escuché las risas de César y Stephanie y sin poder abrazarlos o hablarles mucho rozamos los dedos a través de las vendas, al fin de asegurarnos que pronto estaríamos juntos, brincando y saltando.

No puede haber alegría más grande que esa, verlos vivos y riendo, como lo hacen los niños de su edad por cualquier cosa pasajera. Esa visita me dio la inyección de energía para iniciar mi rehabilitación, así que esa tarde luego de ver a mi papá, a Marina y a mis tíos a través del cristal, me preparé para ese primer *round* con mis piernas.

Uno de mis pies resultó severamente quemado en el talón, pero aún así yo me creía capaz de pararme por mí misma, cuando llegó el equipo para sentarme en la cama, les pedí que me dejaran hacerlo sola sin ninguna ayuda, alguno de ellos me dijo:

—No puedes, sola no puedes —pero mi insistencia fue tal que el médico les indicó con algo de fastidio.

—¡Déjenla!

Nada, no podía, ni de lado, de ninguna forma podía, por más que lo intentara, mis músculos productos del tiempo en reposo habían perdido su tono y su fuerza, y no me sostenían.

Rendida y ofuscada, acepté la ayuda y me senté, llenaron los espacios con almohadas para estabilizarme, me dolía todo y la frustración estaba presente. Decidieron acostarme y para continuar el día siguiente, no fue una noche fácil, en mi mente cruzaron los retos que venían y una idea fija que me decía "¡no puedes quedarte así, debes caminar!".

Ansiosa esperé que amaneciera, baños, limpieza, comida líquida, vidrio, edificio rojo, cielo azul, yo quería que llegara la hora de sentarme y pararme, no estaba dispuesta a rendirme, llegado el equipo de fisioterapia y mostrándome más dócil y cooperativa, me sentaron y salieron unos aplausos por el pequeño logro, allí por unos minutos estuve guardando equilibrio y venía el momento crucial, el de pararme y caminar.

Pararse... Entre señas y murmullos me hice entender que yo podía, que ya estaba lista para eso. Alguien del equipo colocó sus manos en la cintura como seña de ¡aquí vamos otra vez! Y de tanto insistir me dejaron, no sin antes estar cerca de mí por precaución a mi terquedad, me moví, más bien, me arrastré al borde de la cama y al colocar mis pies en el piso y tratar de sostenerme, me deslicé, mis piernas no me sostenían, el pánico se apoderó de mí al sentir que algo tan sencillo como mantenerse en pie no me era posible.

Me volvieron a colocar en la cama y me explicaron muy seriamente que no tenía impedimento físico, algunas limitaciones en uno de mis pies, pero la falta de movimiento hacía que esa tarea cotidiana fuera en ese momento para mí casi titánica. Debía entender y volver a intentarlo nuevamente mañana.

La mente humana es el espacio donde corren nuestras propias limitaciones, en ella se libran luchas entre los demonios internos que todos llevamos, esa noche llamé a la enfermera de guardia, le pedí que nuevamente me amarrara a la cama, donde por razones de seguridad estuve atada en mi largo coma y recuperación, la razón era que no podía conciliar el sueño, cuando pienso en eso a la distancia del tiempo, temo sin dudas pensar lo frágil que podemos ser y la lucha con la que me debatía, y el miedo a salir de esa zona de confort que yo me había inventado en la cama del hospital.

Amarrada me sentía más cómoda y podía dormir, la enfermera dudó por un momento y luego se negó a hacerlo, optó por llamar al médico de guardia y proporcionarme un ansiolítico que me hiciera poder pasar la noche sin angustias.

Al amanecer luego de lavar las heridas, cambiarme las sondas, volvimos a intentarlo, acepté la ayuda sin hacer ningún gesto y los ejercicios generosos en mis piernas, cumplieron parte de su cometido, ya me paraba, agarrada, pero parada, ya estaría pronto lista para caminar y saltar.

Dolor.

Cuando alguien se quema cocinando, por lo general cuando me ve, dice, ayer me quemé y eso duele, suelo sonreír para no entrar en detalles del dolor que puede pasar un ser humano por las quemaduras. Creo que el dolor es tan intenso que cuando ocurrió el accidente producto de la adrenalina, nada me dolió, no sentí nada.

Eran tan profundas las heridas que incluso hasta las terminaciones nerviosas estaba adormecidas ya que estaban destruidas, luego los medicamentos hacen el trabajo de bloquear ese terrible dolor y luego el abandonar el cuerpo hace otro tanto.

Hasta ese momento no tenía conciencia del grado de dolor, ya que los mecanismos cerebrales bloquean estas terribles experiencias, había sentido algún dolor pero no de la magnitud y de un umbral tan alto que lo pudiese hacer insoportable ¿cuándo lo sentí? ¿cuándo sentí ese inmenso dolor físico? Pues una vez recuperada del coma y todo empezaba a tener sentido, hasta el dolor tenía sentido.

Mi piel en donde quedaban espacios sanos, era reutilizada para reconstruir mi cara, en mis brazos, severamente quemados y en mis piernas, esos trozos de piel en cuadros eran la mejor opción para recuperar mi forma con injertos que eran cuidadosamente colocados.

Ya consciente sabía que un día sí y uno no iban a mi limpieza quirúrgica y a cirugías plásticas para ir componiendo el rompecabezas que era mi cuerpo y en especial mi cara.

Un día luego de una de las innumerables operaciones me trasladaron a la habitación bajo los efectos de la anestesia, en ese instante estás completamente fuera de ti, no sientes nada y solo queda esperar que el paciente se despierte, por supuesto no controlaba aún mis esfínteres y en mi cuerpo permanecía una sonda que llevaba el orín a una bolsa que estaba a un lado de mi cama.

Esa sonda producto de los movimientos de ir y venir así como al yo despertar se salió y mi orina inundó la cama dejándome expuesta a mi propio líquido con la carne viva recién operada e injertada, allí comprendí lo que era el dolor, un ardor profundo, una sensación de correr por el dolor, de huir de la cama, dolor, eso era dolor, me revolví como pude en la cama hasta que sonó la alarma y aparecieron las enfermeras y revisaron comprendiendo mi situación, para lo cual con mucho cuidado procedieron a limpiar, a secar, a mimar, a reconfortar y a animar. Volví a dormir producto de los medicamentos, lejos del dolor.

El dolor podría haber sido muy intenso, pero también indicaba que sentía y que iba en recuperación, tal vez ese dolor unido a las posteriores inyecciones de los queloides fueron los dolores más agudos que pude sentir.

Esto me sirvió para tomar con calma algunos dolores cotidianos, un insignificante dolor de vientre o de cabeza ya no son nada con respecto a esos dolores, incluso en esos momentos me contenía en gritar y sólo cuando me era imposible soportar, un quejido y una lágrima salían como respuesta a tan dolorosa experiencia.

Despedida.

Cuando tenían los médicos la certeza de que mi pronta y dura recuperación estaba cerca, y que pronto saldría a seguir mi rehabilitación y posteriores operaciones de manera ambulatoria, el cuerpo médico se reunió para contestar una de mis preguntas frecuentes, una pregunta cuya respuesta yo la sabía en mi corazón, pero esa mentira blanca de todos me mantenía a flote para enfrentar las operaciones y que se cumpliera con mi recuperación. Jorge, ¿dónde está Jorge? ¿Cómo sigue? Misericordiosamente, mi familia y mis médicos decidieron que lo mejor era decirme que su familia proveniente de Panamá había decidido llevárselo a un hospital fuera del país y que estaba en recuperación, mi respuesta era siempre la misma, "ah, está bien", pero todos sabíamos que llegaría el día en que todos seríamos francos unos con otros y que deberíamos afrontar una dura verdad.

Y ese día llegó, una tarde entró el psiquiatra, un amigo más bien, era esa cita esperada con ansiedad casi al final del día, nuestra acostumbrada charla de las tardes, era un momento que yo esperaba para hablar de muchas cosas, dentro de las cuales pocas eran de mis quemaduras, era un debate sobre mis creencias y las del psiquiatra, una conversa sabrosa, llena de cuentos, anécdotas e historias, una de desahogo sano, que mi amigo sabía llevar muy bien, me hacía feliz conversar con él, era la única hora del día donde me esforzaba en hablar y por un momento olvidaba que mi voz era prestada ¡¡¡y no sonaba como yo!!! estas tertulias iban desde los misterios de la vida hasta la vida amorosa de ambos, aunque la mía era cortísima la de él se extendía a varios encuentros, locos pero muy entretenidos, eran realmente fabulosas y luego que se iba la repasaba en mi mente una y otra vez y hasta sonreía al recordarla. Estos momentos concluían antes de que se hiciera de noche y cómicamente concluíamos que a esa hora en un hospital debían haber fantasmas, lo cual nerviosamente corroboraba él con risa nerviosa y su afán de irse antes de que el sol se ocultase y el silencio se apoderara del inmenso hospital.

Esa tarde, el Dr. me comentó, dado lo rápido y mi tenacidad en recuperarme, asunto que ellos en el hospital consideraban milagroso, ¿cuál era mi siguiente paso? Me preguntó ¿cómo me sentía al afrontar mi salida? y ¿cómo pensaba reiniciar mi vida familiar? Fueron varios cuestionamientos que se deslizaban como naturales en medio de nuestra conversación habitual.

Muchos planes ya rondaban en mi cabeza y mi palabra favorita "organización", hacía un esquema mental de cómo seguir afrontando dificultades. Confieso que no tenía miedo, más bien una gran ansiedad de manejarme en este proceso de lucha y de retos que en mi interior yo había generado, yo amaba luchar, amaba las dificultades y el universo me dio la receta perfecta para elaborar mi guión de vida como lo había pedido. Paradójico, pero a medida que avanzó el tiempo lo he entendido perfectamente.

Una vez entretenidos y conociendo el médico, mi absoluta determinación a seguir con mi vida, me preguntó: ¿Y Jorge? ¿Cómo lo ves en esta nueva etapa de tu vida? Un silencio absoluto inundó la tarde en la habitación, él sabía que yo sabía y había llegado el momento de confrontarlo, era la primera vez que hablábamos del tema y que me lo preguntaban. A lo cual respondí:

—Siempre será el padre de mis hijos y el primer gran amor de mi vida, sé que ya no está aquí —nuevamente el silencio abordó mis palabras, a lo cual una nueva pregunta interrumpió la paz.

—¿Dónde aquí?

Muy bajito le contesté como si no quisiera oírlo.

—Sé que no está en Panamá, porque lo vi pedirme que me fuera con él y sé que sus quemaduras fueron las más graves, sé que murió y estoy segura que está en un mejor lugar, sano y viéndome como voy a seguir adelante.

Continué hablando:

—Jorge Javier llegó a mi vida como ese amor a primera vista, ese que te aprieta el estómago y te hace cantar todo el día, me siento tan afortunada de haberlo vivido, de haberlo sentido y más aún el fruto maravilloso de nuestra familia y ese amor convertido en unos niños hermosos y sanos, lo voy a extrañar inmensamente pero luego de 14 años de estar juntos, él me preparó para llevar adelante a mi familia y lo voy hacer con determinación. Voy a llorar cada vez que lo recuerde, cada vez que deba tomar una decisión, cada vez que uno de los hijos alcance un logro, pero ese extrañar y esa ausencia va a ser un triunfo de vida para todos nosotros.

Dicho esto se acercó a mí y puso su hombro a mi lado para que llorara la perdida, para que llorara el amor perdido y puso su hombro para saber que podía seguir adelante.

Espero haber honrado mi palabra y sé que estaría feliz de la familia que construimos juntos en dos planos diferentes, soy muy afortunada como mujer de haber conocido el amor, esos que duelen, que alegran, que te hacen feliz.

Las olimpiadas...

Ya sentarme en la cama era una prueba superada, en cuanto me sentía recuperada de una de las intervenciones, lo hacía con mucho cuidado y muy lento al principio, más tarde jugaba con mi propia velocidad para sentarme, vigilaba que no saliera la sonda o algún líquido que pasaba por mis venas, no quería que me inyectaran más así que cuidaba las vías como un tesoro.

Se decidió trabajar 2 veces al día en mi habitación, yo no quería parar y quería despertar cada vez más rápido de las intervenciones para poder pararme sola, esa tarea se hizo cotidiana y a veces hacía que me impacientara.

Yo quería pararme rápido, siempre he querido todo para ¡ya! Pero una cosa es lo que uno quiere y en impaciencia como que la cosa no fluye tan rápido, pero mi empeño le ganó a la apuesta de todos, en pocos día ya me podía poner de pie sin ayuda.

Una vez que pude levantarme de la cama se me permitió hacerlo en mi cuarto, agarrada permanente de las barandas de la cama, ya mis piernas sostenían el amasijo de huesos y vendas que era mi cuerpo, siempre fui muy delgada pero ahora era en extremo.

Yo solo detallaba las vendas de los brazos y piernas, podía ver mi torso sin quemaduras pero frágil y delicado, las vendas de la frente y nariz permanecían allí en recuperación. Una cosa me causaba curiosidad y era que el espejo del baño estaba cubierto con sabanas que no permitían verme en el mismo. Como nunca estaba sola y a mis preguntas de porqué estaba cubierto el espejo, no había respuesta, mi instinto decía que algo terrible se vería, si me miro en él. Las terapias continuaban en el cuarto, pero ya más fortalecida dieron la orden de llevarme al ala de rehabilitación, ya que las heridas iban cicatrizando según lo planeado. El día fijado vino el equipo de rehabilitación para la tarea del traslado, en sillas de ruedas iba a ser llevada hasta la sala donde ya no solo serían masajes sino que fortaleceríamos los brazos e intentaríamos sujetarme de la barra para poder caminar.

Una vez que salí de la unidad de quemados para estos ejercicios, tocaba atravesar pasillos, lleno de pacientes o personas que tendrían otras dolencias o acompañaban a algún familiar.

A través de mis vendas que cubrían parte del rostro veía la expresión de quienes me veían pasar, unos de asombro, otras de compasión y muchas de tristeza.

En un principio me avergoncé de causar tantas reacciones y casi pido que me regresaran a mi habitación, pero poco podía hacer, solo incliné la mirada, como si no viera a la gente, eso iba a pasar.

Enfrentar miradas se convirtió en una tarea que no sabía que me iba a tocar hacer, aun muchos años después me miran y entendí que la respuesta ideal a las miradas es una sonrisa que sale de mi rostro y se refleje en mis ojos, dándole a entender a quien me mira que estas cosas pasan y que está bien que pase, que ya no duele, que no me siento mal y que se puede ser muy feliz.

Con este ir y venir de miradas llegué a la sala de rehabilitación, este nuevo espacio donde iniciaba una tarea vital para mi recuperación, el estar allí, implicaba ver muchas personas en esa lucha de recuperarse y tratar de ser lo más útiles no solo para sí mismas sino para el entorno "no ser una carga", eso se respira y por eso allí las miradas indiscretas suelen cesar y cada quien a lo suyo.

Estaba en un entorno ideal de lucha y superación, me gustó el ambiente y decidí ser la campeona olímpica de los 500 metros planos de la sala.

Primero fui a una máquina de piernas durante varios días con los espejos cuidadosamente cubiertos, la maquina estaba aislada del resto de las máquinas, prácticamente trabajaba sola con el fisioterapista asignado quien pocas veces me dejaba sola, ya que a veces perdía fuerzas y me iba de lado. En mi trayecto, cuando iba de la habitación a la sala de rehabilitación trataba sin mucho éxito de fijarme en un espejo y solo alcanzaba ver un cuerpo vendado a lo lejos.

La semana terminaba y mis ganas de caminar me enloquecían, era una especie de obsesión por obtener mi libertad de movimiento, repetía, yo sola en las tardes, los ejercicios en cama para acelerar mi paso a poder caminar sin ayuda.

Ese último día de la semana una vez en la sala de rehabilitación, le pedí al personal que me llevara a las barras, sentía suficientes fuerza en mis brazos y piernas y quería experimentar el tratar de caminar agarrada a las barras de metal.

Varias consultas y la respuesta fue que sí, me colocaron en la silla al principio de la barra, me ayudaron a incorporarme y pude sentir que mis piernas podían obedecer la orden de caminar.

Con gran alegría retorné a la habitación y pedí que por favor me prestaran una andadera, se acercaba el fin de semana y no quería perder ni un momento ya que podía practicar en el espacio de caumatología hasta que el lunes pudiera retornar a rehabilitación, nadie se opuso, por el contrario, fue una suerte que esa misma tarde la andadera estuviera al lado de mi cama y con la ayuda de la enfermera me incorporaba, y luego pasé el fin de semana de aquí para allá, haciendo más ajetreada la labor del personal de enfermeras que siempre sonrientes veían mis avances.

Eso me hacía muy feliz, el sentir que mi cuerpo obedecía y que estaba a punto de ser la campeona de los 500 mts de las olimpiadas imaginarias que yo misma me había inventado.

Alegría.

Soy muy pero muy curiosa, cuando decido que debo averiguar o saber algo pocas veces me detengo y solo faltaba para saciar mi curiosidad un misterio y era verme en el espejo, reconocerme y poder saber hasta dónde ese asombro, compasión y tristeza que veía en los pasillos era merecedor mi rostro.

Quien estaba a cargo de mi terapia ese día, no era la misma persona de la semana anterior, quien estaba bien pendiente de la presencia de algún espejo o de alguna pregunta mía o de un tercero. Era la oportunidad que esperaba, el alocado fin de semana fue una carrera continua, no quería soltar la andadera, con mis vías bien sujetas, mi sonda bien colocada, quería aprovechar la gran oportunidad de ejercitar antes de mi próxima intervención, recuerdo que hasta me mandaron a dormir. Bien entrada la noche cuando el único ruido en una unidad tan silenciosa era el mío, al arrastrar la andadera, me estaba volviendo un fastidio.

El lunes dispuesto todo para mi salida a rehabilitación lo pensé "hoy me veo", la curiosidad nata en mí diseñaba un plan mental como llegar a un espejo descubierto, ya que la torpeza de mis manos, con un pulgar pegado no era de mucha ayuda.

Y así fue, le pedí al terapeuta que me colocara en una de las barras, cuyo final era un espejo para uno observar cómo camina, y poco a poco demostrando la fortaleza de mis piernas caminé lo más rápido que pude.

Frente al espejo, observé un manojo de vendas, una bata y mi frente ennegrecida, y una boca que no era la mía. Respiré profundo y como alguien que descubre un secreto, guardé silencio sobre lo observado, solo me dije "estás mejor de lo que pensabas, verdad" "pa' alante". Regresé sin que nadie se diera cuenta, volví a caminar, y me repetí "estás viva" "tus hijos vivos" "tranquila".

Mi rostro estaba en plena reconstrucción y obviamente no era nada parecido a lo que yo era, pero sabía que podría lidiar con eso, además confiaba que con el tiempo mejoraría y estaba dispuesta a hacer lo que se me pidiera hasta que estuviera presentable y sobre todo que me gustara a mí misma.

Regresé a la habitación en silencio, cansada, y confieso que sin mucho ánimo, debía asimilar lo que había visto a medias, porque grandes partes de mi cuerpo aún permanecían bajo el vendaje, me concentré en mis logros, el levantarme, el pararme y en caminar, pero sobre todo en la vida futura que debía construir, eso me animaba y me ayudaba a no caer en la autocompasión de la cual no quería caer presa.

Más tarde en la habitación decidí levantarme y hacer mi recorrido con la andadera, me sentía muy fuerte, pronto estaría a punto de dejarla, el fruto de mi obstinación hacía milagros en mi recuperación, el cuerpo médico se admiraba de mi tenacidad y ganas de vivir, por eso casi todas las peticiones eran aprobadas.

Me convertí en una celebración continua del buen trabajo de la unidad de cauma. Entre una de las peticiones de esa tarde le solicité a la enfermera que destapara el espejo del baño, ella me dijo que no era prudente por órdenes médicas y yo concluí la conversación con un "yo ya me vi".

A los pocos minutos el cuerpo médico se apersonó, en especial, los del área de psiquiatría, yo esperé pacientemente sus preguntas y respondí:

—Ya me vi, no hay problema, pensé que estaba peor, me voy a recuperar.

Convencidos de que yo decía la verdad y que estaría preparada para detallar mi nuevo aspecto, permitieron que la sabana que cubría el espejo se fuera para siempre, y allí estaba yo con mi nueva yo.

Confieso que no sentí ni lastima ni tristeza por mi situación, todo lo que venía a mi mente es lo agradecida que estaba porque las quemaduras de la cara eran mías y no la de uno de mis hijos. Yo sabía que lo iba a poder afrontar. ¿Qué me preocupaba? Mi voz y la boca que no era nada funcional para alimentarme a gusto, era una suerte de hueco sin movilidad, no me era útil, por mucho tiempo solo pasaba un pitillo con alimentos por la insuficiente abertura que poseía y la voz no me gustaba, definitivamente, no era la mía.

Mi cabello el cual siempre lucia negro, brillante y muy largo, estaba muy corto y casi rapado, pero crecería y volvería a tener el aire de libertad que lo caracterizaba.

El resto, mi nariz era por el momento un pedacito de carne con dos pequeños huecos que estaría pronto en expansión, mis mejillas, parpados, frente y cuello habían sido reconstruidos a través de una foto que se le pidió a mi familia, estaba ennegrecido, pero sabía que ese aspecto iba a mejorar.

Mi rostro joven y fresco se había derretido irremediablemente esa tarde del accidente. Todos en un silencio absoluto esperaron mi reacción y una mueca de una extraña sonrisa le dio un brillo a especial a mis ojos y era de una extraña alegría. Alegría, sí, el estar viva y poder caminar. Eso es alegría.

Día a día.

Todo empezó a ser más fácil en mi día a día, ya daba pasos y me permitía desplazarme por toda la hospitalización, conociendo más de mis quemaduras e incluso ver pacientes que llegaban y no corrían con la suerte de sobrevivir.

Un día llegó una paciente del oriente del país, una bombona de gas explotó en su apartamento ocasionándole quemaduras en sus brazos y algunas en la frente y cabello. Eran delicadas pero no estaba en peligro de muerte, afortunadamente.

En ese tiempo ya recibía visitas detrás del gran vidrio y los más cercanos pasaban a verme muy protegidos para evitar cualquier tipo de contaminación. La familia de la señora era abundante, recuerdo ver a sus hijos, a su esposo y familiares estar pendientes de su evolución.

Ya fuera de peligro y cuando empieza la reconstrucción y colocación de injertos, el ánimo de los pacientes debe ser óptimo a fin de que la piel se encuentre con su nueva piel y se fundan hasta sentir que son una sola.

Tal como me pasó a mí con mi frente y parpados, los de la señora no pegaban, es más, se rehusaba a tener visitas, sentía que su rostro no era digno de ser visto y eso desmejoraba cualquier intento médico para su recuperación.

Por otro lado yo estaba en franca recuperación, injertos iban y venían, mis dos pequeños ya habían salido y a pesar de que debían volver a retoques y a rehabilitación, ya era cuestión de tiempo el estar completamente sanos.

Todo lo trágico parecía estar pasando y mi ánimo era verdaderamente, bueno, un soplo de emociones de las buenas, permanecían en mí y eso aunque uno trate de disimularlo se ve como una linterna en medio de la noche.

Realmente me sentía muy agradecida con Dios, con la vida. En fin, habían muchas razones para recuperarme y por las que luchar. El cuerpo de psiquiatría me hacía seguimiento diario, y una tarde me comentaron que la familia de la señora del accidente, que me veía entrar y salir con absoluta seguridad en mi andadera y luego muy despacio pero sin ayuda, me pedían si podía ir y conversar con su mamá que se negaba a recibir visitas y que dada a su negativa cada operación de injertos era un fracaso.

En el momento no dije nada y luego lo pensé, si yo perdí mi cara y estoy en plena recuperación, además puedo encontrar alegría en la adversidad, tal vez sea Dios que me encomienda esta nueva misión, dar aliento a otros.

Dije que sí, un sí convencida de que tal vez luego de criar a mis hijos probablemente esa sea mi otra misión de vida, dar y ayudar a impulsar a quienes me pudiesen necesitar.

Al final de la tarde cuando ya había poco movimiento, entré a la habitación en la silla de ruedas acompañada por una enfermera. Recuerdo que me vio con esa cara de asombro a la cual ya parecía acostúmbrame, me levanté de la silla para sentarme en una más cercana.

Le dije mi nombre y por un momento un silencio invadió la habitación, le tomé la mano, ambas estábamos vendadas y solamente le dije:

—Yo me quedé sin rostro y mis injertos están pegando a punta de talento médico y de mis ganas por vivir y estar con mis hijos, no te rindas, lo tuyo es más fácil, no temas.

Su expresión de asombro cambió a una de dolor, por ella y por mí para luego decirme lo entiendo, haré lo posible.

Dos días después, recibí la noticia que sus injertos estaban pegando y junto a eso unos globos de colores, regalo de sus hijos por la conversación con su madre. Decidí ese día vivir el día a día y ser útil donde se me necesitara.

Nunca más supe de ella, pero sí sé que salió airosa de su recuperación, a veces en las adversidades nos crecemos y sobre todo recreamos lo que vinimos a hacer, ese día me sentí muy útil y eso sumaba más razones para vivir.

Control.

Jamás nos imaginamos lo importante que es tener control sobre tus necesidades básicas, y por eso a veces nos olvidamos de agradecer nuestra funcionalidad. Ir al baño, sorber agua de un vaso, meter una cucharilla con un bocado de comida, ver, oler, tocar, en fin; miles de cosas que hacemos a cada segundo como respirar y aun así tenemos mala actitud sin apreciar las bondades de las cosas más simples.

De todas las anteriores ya respiraba sola y caminaba a tientas, a media máquina, el resto estaba en reparación. El control de esfínteres lo desarrollamos como un habito para dejar los pañales y es un entrenamiento arduo y de perseverancia para los padres, en el caso mío ya era flojera, yo no controlaba los míos por flojera, y por supuesto, tonicidad en mis partes íntimas, al quitarme la sonda una vez que sanaron mis nalgas de las cuales extrajeron capas de piel para otras partes del cuerpo, me colocaron pañales y así de cómoda como un bebé ni me molestaba en avisar y hacía mis necesidades que luego eran cambiadas por las enfermeras.

Cuando tuve conciencia que esa era una sinvergüenzura de mi parte, además que ya se asomaba la posibilidad de operaciones y terapias ambulatorias, me coloqué como meta avisar, sí, avisar como los niños pequeños y por supuesto realizar ejercicios perianales que fortalecieran ese control.

Fueron varios días de ensayo y error, pero al fin y con el incentivo de que sí lo controlaba saldría más rápido, inicié la posibilidad de devolverme a mí misma mi dignidad en tan íntimo proceso personal.

Últimos detalles...

Dentro de este enorme proceso, mi vida fue un sube y baja de emociones, en el hospital conocí a gente maravillosa, me descubrí como buena oyente, al escuchar a mucho del personal que allí laboraba algunas de sus historias, entendí que los seres humanos necesitamos escucharnos y yo por mi dificultad en la voz y mi poca movilidad, oía mejor dicho, escuchaba, y solo asentía, así que era una muy buena alternativa ya que pocas veces opinaba, y eso era lo que muchos buscaban, la gente solo necesita ser escuchada sin ser juzgada.

Mi franca recuperación, es decir, estar fuera de peligro, era señal de que podía ir y venir a mis terapias y por supuesto, el estimado era de 3 años en cirugías para poder restaurarme lo mejor posible. Se asomaba la posibilidad de salir muy pronto y los médicos evaluaban mis prioridades para estar fuera del hospital.

Entre una de las más visibles era mi boca, sencillamente no tenía labios y no era un asunto cosmético nada más, ni pensaba en cómo me vería o si alguna vez más sería besada, ¡no! Era un asunto de cómo comer y por supuesto, cómo me verían los demás.

Así que decidieron darme unos labios antes de salir, fue una de las operaciones más dolorosas, por la zona, la hinchazón posterior y que demoraba en volver las voluptuosas carnes a su sitio.

En esa época estaba el boom de labios operados y muchas actrices famosas lo hacían por placer y verse más sensuales, labios carnosos, exuberantes, eran la premisa de Hollywood y por supuesto la de Latinoamérica. Así que bajo los cuidados médicos me hicieron los labios.

Yo, quien no le paraba mucho a las operaciones, es decir, parecía que me ajustaba a las decisiones médicas, estaba expectante ante mis labios, asunto de coquetería me imagino.

Una vez operada, había que esperar al menos una semana de curas y limpiezas para que el colgajo al menos estuviera de un tamaño menor, a la semana recuerdo a una cirujana que fue de otra unidad a ver los resultados y me comentó "chica te pareces a Hilda Abrahamz (una conocida y sexy actriz venezolana). Dios, el ego se me subió, me imaginaba caminando con el sexy andar de Hilda y mi cabellera negra batiéndose de lado y lado. Cuando me quitaron la cura y vi mis labios, total desilusión, el colgajo inferior era muy muy grande y arriba apenas se distinguía una piel sonrosada y al abrirlo era un huequito que no permitía suficiente aire para recuperar mi voz.

El médico notó en mi rostro la desilusión y con calma me explicó:

—Aún falta mucho Adriana pero así ya puedes salir, estará dentro de los pendientes, no se arregla todo en un día —bajo esas palabras de consuelo, volví a animarme ante la expectativa de salir, al mes ya estaban mis labios más desinflamados pero no cabía ni un tenedor en mi precaria boca.

Libertad

Cuando doy clases y hablo de la revolución francesa, de los derechos de los hombres y de la libertad, me siento emocionada con esa palabra "LIBERTAD", es tan fuerte, tan valiosa, tan apreciada que los humanos luchamos y morimos por ella.

En mi caso la Libertad era poder caminar, valerme por mí misma y uno no sabe lo que tiene hasta que lo pierde. Si bien estuve muy bien atendida, quería salir del hospital y seguir mi recuperación de forma ambulatoria, tanto la rehabilitación como la reconstrucción de mi cuerpo. Y salir era para mí una gran prueba, enfrentarse a la sociedad, a mis amigos, alumnos y familia sin que eso les afectara y sin que eso me afectara.

Ya los niños estaban afuera, iniciaron su rehabilitación ambulatoria y requerían venir con frecuencia para aun ser sometidos a reajustes. En el caso de Stephanie el brazo estaba muy pegado de su dorso lo cual le impedía subirlos y habría que hacer varias cirugías para ello.

César tenía un problema en sus piernas que no le permitían estar derecho y mucho menos correr, incluso caminaba con dificultad. Eran operaciones que durante año y medio iban a ocupar gran parte de nuestras vidas y que finalmente eran retoques para alcanzar esa libertad ansiada por todos.

Llegó el día de salir del hospital, el día anterior a medida que pasaban muchas de las enfermeras y médicos a darme la despedida, siempre encontré un momento para mirar el cielo azul y el edificio de ladrillos rojos que veía desde mi habitación y trataba de recordarlo como un cuadro que me daba serenidad y solo hasta después de un tiempo lo entendí, ese cuadro en mi mente era mi zona de confort, aún cuando mi sufrimiento había sido bastante, allí me sentía segura, sin miradas indiscretas, sin intercambio de preguntas, sin juzgar esa zona donde nadie te perturba y que sencillamente no quería salir de allí.

Una cosa bien contradictoria ya que anhelaba mi libertad, estar con los míos, pero en el fondo en ese espacio nadie me miraba y no tenía que explicar nada. Nadie ha dicho que los seres humanos somos sencillos y yo no era la excepción de la regla. Un torbellino de emociones rondaban en mi cabeza y el estómago se contraía sin compasión.

Amaneció y mi familia de Maracaibo vino por mí, era un día feriado, 5 de julio, no había movimiento en la calle, llevaba en mis manos una carta escrita por los cirujanos plásticos asociados firmada por el Dr. Otto Fimhaber, que decidí leer cuando estuviera fuera y mi corazón menos alborotado por la despedida.

Con todo eso salí hecha un manojo de nervios y fui conducida en la silla hasta el vehículo de mi tío Gilberto quien me acogería casi por un mes y luego durante 2 años mientras me reajustaban operaciones.

La alegría de Isa, su esposa, era ese día de otro nivel, ya habían estado acompañando a los niños en este proceso y no paraba de hablar yo con sombrero calado hasta mis ojos, me enfrentaba al mundo con temor pero saboreaba en secreto mi Libertad.

Era un 5 de julio, en Venezuela se celebra la firma del acta de la independencia y ese día de 1997 yo celebraba la mía.

La carta

Creo que no existe asunto más emocionante que una carta, al menos en mi caso, no solo despierta curiosidad sino que sería parte de mis recuerdos y un aliciente cuando llegaban momentos difíciles. Un día antes de salir del hospital me dieron una carta en un sobre cerrado.

Nunca tendré palabras suficientes para agradecer lo que hicieron en el Coromoto por mí, hoy muchos años después les bendigo a todos por salvar a mis hijos y darme otra oportunidad de vida.

Creo que nada será suficiente. Para esa época era la mejor unidad de caumatología de Latinoamérica, un centro de referencia y allí llegamos a esas manos maravillosas que nos curaron.

Ese día que salí del hospital, no la leí, no sé, pensé que eran muchas emociones en un día, una vez en el carro y escuchando a Isa hablar casi que cantando yo solo miraba a través de la ventana esperando la reacción de algún transeúnte o chofer al detenerse el vehículo.

Cuando el vehículo se paraba en un semáforo yo bajaba la cabeza y me cubría con el sombrero aún no estaba lista para miradas nuevas, dentro del hospital era más fácil todo tenían un asunto personal y si bien me miraban volvían a sus propias preocupaciones.

La leí el día después, siempre pensé que eran indicaciones médicas técnicas, colócate esto o aquello, pero el Dr. Fimhaber la inició así:

—Entiende que tus quemaduras fueron mortales y que por algo Dios decidió que no nos abandonaras. Tu posición ante tu suceso ha sido excelente, es decir, siempre dispuesta a colaborar y con mente positiva, no te deprimas, aunque encuentres motivo para ello y si te deprimes vuelve a salir con nuevas fuerzas —incluso me recomendaron libros y grupos de apoyo, finalmente iban las recomendaciones con respecto al sol y las cremas.

Esas palabras me marcaron, hicieron en mí un efecto inmediato y me permitió muchas veces cuando me deprimía seguir adelante.

Repasé con calma los eventos, como los había superado y me propuse vivir así sorteando dificultades, entendiendo que en esto había un reto para mí y que si me había tocado no abandonar este plano era porque grandes cosas vendrían para mí.

En ese momento de mi vida no entendía muchas cosas que hoy logro entender, mi razón de ser, el disfrute de lo que nos rodea, los pequeños placeres, la mano de Dios en todo y las miles de bendiciones diarias de vivir.

Esas palabras fueron una suerte de salvavidas en momentos críticos, la guardo con mucha amor y cada vez que las leo solo puedo bendecirlos como señal de agradecimiento.

Isa y Gilberto

Mi familia de Maracaibo. Cuanto amor recibimos de sus manos. Isa es una especie de Diosa maracucha, alegre, hermosa, complaciente pero además una excelente madre y esposa. Ella tiene su propio reto que es educar a José, con autismo, ya un hombre grande, y a Gilbertico quien es un gran empresario como mi tío.

Esa Madraza de ojos negros, se enamoró de Stephanie, la mimó y la complacía en todo, y mi tío consiguió en César Luis un compañero de bromas, con el que incluso, años después, saboteaban fiestas haciendo chistes y aparecían en fotos formales en poses para nada serias.

Isa hizo espacio en su vida para atendernos, llevarnos y traernos, darme consejos de belleza, buscar que me tatuaran en algún momento las cejas, me enseñaran a maquillar cuando estuviese restablecida y quería que me convirtiera en una suerte de bomba sexy, sus consejos y su propia belleza interior siempre estaban en sus labios, así como su inmensa sonrisa, creo que nunca les he dicho lo mucho que los quiero y lo importantes que son en nuestras vidas.

Power Rangers

Dentro de las indicaciones médicas había el requerimiento de un traje especial, una suerte de mono con máscara de malla para evitar el crecimiento de queloides producto de las quemaduras.

César tenía el suyo con máscara y Stephanie el de ella sin el rostro cubierto, ellos ya habían salido y dado el primer paso al mundo con un traje tipo "power ranger".

Usarlo no es fácil, es una inmensa faja que aprieta y presiona tu piel, haciendo su trabajo, quitarla y ponerla es una odisea de templar y soltar, la fragilidad de la piel ocasiona que a momentos se te rompa y sacarla es mucho más doloroso.

Ya mis pequeños habían pasado por eso y las manos amorosas de Isa y Marina eran cambiados y consentidos para evitar el dolor que produce.

Fueron una mañana a tomarme las medidas, para tenerla lista unos días luego de mi salida, unos centímetros aquí y allá denotaban además la extrema delgadez que me poseía, a mi dieta le colocaron nuevos ingredientes para que mi piel creciera y adquiriera algo de peso.

Hoy en día cuando estoy con unos kilos extras, me excuso comentando que es parte de mi tratamiento y no me angustio mucho por algún exceso cometido.

Cuando llegó el traje, con él vinieron las indicaciones, bañarse todos los días quitando el traje, colocar cremas luego del baño y tratar de permanecer con el puesto, el mayor tiempo posible.

Me embargaba una gran curiosidad el hecho de cómo me vería usándolo. Casi como que si fuese un vestido de estreno lo abrí no sin antes pedir ayuda para desempacarlo y ponérmelo.

En efecto, era como lo habían descrito de malla dura y estrecho, por muy delgada que estuviera no sabía cómo iba a entrar en él. Pero siguiendo indicaciones médicas me desvestí y con la alegría de Isa inicié su colocación.

Tiesa, incómoda, dura, apretada no sé si hay otros sinónimos, una vez colocada la malla me vestí y guardé silencio, estaba enojada por el dolor que me producía, en especial en mi rostro. Sentía una gran asfixia y mis brazos que de manera absurda se recogían solos al mediodía, y bajarlos requería de una hora para estirarlos. Estaba molesta, no quería hablar e Isa desistió de preguntarme cómo me sentía.

Me sentía mal, quería cortarme la nariz y el pedazo que tapaba mis orejas, me sentía absurda, me paré frente al espejo y recordé que mi mamá por teléfono me comentó que para que Stephanie y César lo usaran les habían dicho que eran unos power ranger, esa serie de televisión donde los trajes de colores identificaban a unos héroes que peleaban con extraterrestres aún más extraños. Al recordar que ellos ya tenían días usándolos y que a pesar de que se les rompían la piel accedían a usarlos nuevamente, me avergoncé de mi enojo y me senté a leer la carta salvavidas y no me lo quite más, solo para bañarme hasta que mi piel estuviese lisa y apta para tropezarse con la vida.

A veces me sentaba horas y el dolor dejaba huellas en la máscara, un hilo de agua a ambos lados de mis ojos pero no me la quitaba.

Volver a empezar

Salir a la calle camino a la sesión de rehabilitación, no era fácil subirme al auto requería de paciencia y tiempo, aún no recuperaba agilidad en mis piernas, caminaba, sí, pero muy lentamente.

Una vez fuera, decidimos que viajara a Caracas, por lo menos un mes, a fin de seguir con la terapia y encontrarme con mis hijos y mi mamá que en ese tiempo ya estaban instalados para recibirme.

Podía viajar sola en avión, en silla de ruedas y bajo la mirada curiosa de muchos de los pasajeros. No me inmuté, decidí que debía ver más allá de las miradas y me dejé llevar por el equipo de asistencia al pasajero a fin de llegar pronto a casa.

Unos días antes y con mucho temor, hablé con Alessandra y Etel a quienes recuerdo haberles dicho:

—Pronto nos veremos y mamá no está igual que antes.—Como una advertencia temerosa al encuentro, creo que en ese momento no recordaba lo mucho que el amor hace y para ellas sería su mamá no importa las condiciones en las que estuviera.

Al llegar a Caracas mi mamá estaba esperando por mí junto a los niños, nuevamente mi corazón se arrugaba del susto y de la emoción, con mi máscara puesta y con muy poca fuerza en los brazos llegué a casa, la calidez y el amor ocupaban los sitios que el miedo y la desconfianza robaban. Un abrazo y unas lágrimas de alegría nos volvieron a unir, iniciaba una nueva etapa.

Volvíamos a reunirnos y a sanar nuestras heridas, iniciamos rehabilitación en un centro de la localidad de Caracas, subirnos al carro era una tarea lenta, mi caminar era pausado y sin fuerzas. César y Stephanie por el contrario como todo niño avanzaban más rápido y eso era una total alegría.

Mis brazos constituían una tarea muy difícil, la tirantes de mi piel hacían que se mantuvieran recogidos y estirarlo producía heridas en mi frágil dermis así como un dolor inmenso, cremas, ejercicios, y aún no cedían, eso no me permitía agarrar cubiertos y comer sola, además de que mi boca aún era un hueco muy pequeño para que pudieran entrar con facilidad los alimentos, a eso se le unía el persistente temblor en mis manos, un pulgar que todavía estaba pegado a la mano y unos clavos en los dedos hacían que la tarea de independizarme fuera aún más laboriosa; de la mano de mi madre volvía a comer a sorbos una comida como la de mi niñez, hechas con amor y sazón, salpicadas de cariño y aliños que hacían menos difícil sentir que aún no me valía por mí misma.

Cada mañana me levantaba y con la ayuda de Ale y mi mamá me quitaba las mallas para bañarme, luego de una gran cantidad de cremas volvía la tarea de colocármelas y luego a rehabilitación. En las tardes luego de descansar leía o veía televisión y finalmente en la tarde veía el atardecer con un Ávila al frente que me recordaba que la vida seguía y que era maravillosa aún a pesar de las dificultades, bajo este pensamiento me animaba y sobre todo al escuchar los gritos de una de las niñas porque César seguramente estaba molestándolas, eso era vida, juntos y en franca recuperación.

Visitas

Recuerdo el temor de mi papá en especial por las visitas, él quien había estado con nosotros en los hospitales y que no se atrevía a mirarme mucho ya que parecía no soportar que su niña perdiera el rostro. Mi papá siempre fue un hombre de carácter, de trabajo y de infinita sabiduría, no imagino el dolor que vivió con todos los eventos que pasó junto a nosotros. Movió cielo y tierra junto a Marina a fin de conseguir la mejor atención, la solidaridad de amigos y conocidos.

Papá era sabio e inteligente pero su corazón de padre le indicaba que yo estaría mejor fuera de las miradas indiscretas, y prácticamente, en su mente yo viviría encerrada por siempre a fin de evitarme el dolor de las miradas y preguntas de otros. Amor de padre que protegía y que quería esa campana de hierro donde nadie se metiera conmigo y sus amados nietos. Su sabiduría e inteligencia quedaba dominada por el amor y temor de volvernos a causar más dolor.

Hasta la fecha no teníamos visitas en casa, a todos se les decía que aún no, que gracias por estar pendiente, que ya le llamaríamos. El tiempo pasaba y sin duda había que afrontarlo. Los amigos, mis alumnos y conocidos, tenían ganas de verme, no por curiosidad sino por la sencilla razón de que supiéramos que estaban con nosotros.

Yo no sabía la razón real de la negativa hasta que mi mamá me explicó y yo le dije:

—No importa, no va a pasar nada, no puedo seguir escondida, necesito seguir adelante y es parte de la vida —y así programamos visitas en la casa.

Al principio los nervios me carcomían y miraba en los ojos de mis amigos reconocimiento, en ellos solo encontré solidaridad, alegría y sobretodo amor, esto me hizo reconsiderar a título personal el concepto de amistad. Supe por sus historias: la angustia, las carreras al buscar donantes, las redes de oración, las visitas en Maracaibo, las que nunca pude ver, pero por encima de todo, el profundo amor que se puede sentir por otros seres humanos aún no siendo de la misma sangre, formando una red de amor sin condición y de tender la mano a quien te necesita.

Conservo muchas de mis amistades de niña, ahora son comadres pero sobretodo amigos que no esperan nada a cambio sino ese vínculo de lealtad y solidaridad de la que somos capaces los seres humanos.

En una ocasión una amiga vino con su hijo y al despedirse tomó mi mano y me dijo:

—Tía, eres tú, eres la misma y me alegró por eso —al cerrarse el ascensor lloré, porque sí era yo, pero en reparación.

Oración

La fuerza de la palabra es única, con ella decretamos bendiciones, palabras ofensivas, de amor, insultos, esperanza, solidaridad, guerra o paz. Si la fuerza de la palabra se midiera se podría decir que con ella podemos hacer que nuestras células obedezcan a fuerza de repetirnos palabras de aliento y sin duda, finalmente triunfaríamos.

La oración es la fuerza de la palabra en acción, cuando pasó nuestro accidente, no tengo el número de personas que se reunieron en iglesias católicas o evangélicas para pedir nuestra sanación, un sin número de oraciones en la misma dirección de fuerza y fe sobre los designios de nuestro Señor. Sobre nuestras cabeceras del hospital habían rosarios e imágenes de Cristo resucitado, vigilando nuestra recuperación.

La palabra en acción es la oración y ese mantra repetido de recuperación se volcó en sanación sobre nuestros cuerpos deteriorados. Bendigo cada palabra que me dio aliento y a quien las emitió, gracias a sus buenas intenciones el camino se hacía más recto y nuestra cercanía con lo divino más fácil de tocar.

La bondad de quienes oran por otros rinde frutos y en algunos casos te recuperas y sigues en este plano porque te faltan asuntos por hacer, en otras esas oraciones se convierten en descanso para un cuerpo adolorido y tu alma entra en el reposo eterno.

Creo firmemente en el poder de la palabra y así lo entendí desde mi accidente, uso la palabra para animarme a mí misma, para educar, para dar discursos y llevar aliento a quienes a veces están atascados en un paso difícil de su realidad.

Soy muy feliz de descubrir que puedo orar y usar mi verbo para sanarme, que puedo escuchar y que luego mis palabras pueden sembrar un poquito de color en sus vidas. La práctica de orar nos hace más humanos y más divinos, estamos más cerca de Dios al hacerlo y si lo establecemos como una conversación con Él seguramente tendremos respuestas sorprendentes dentro de nosotros mismos.

Una vez estaba con una gran amiga le dije:

—Me salvó la oración.

—La oración y tu voluntad de continuar, ciertamente ambas hacen una bomba que repercute en la continuación de la vida.

Reparaciones

Mi voz aún carecía de la sonoridad que me pertenecía, es un asunto bien extraño oírse y parecer que otro es el que habla por ti, eres tú, pero no es tu voz.

Mucho de esto; supongo, era por la mini abertura bucal que tenía y que no me permitía la cómoda entrada de un cubierto a mi boca, y por supuesto, la salida del aire al hablar no podía ser igual.

Entre las operaciones más urgentes para mí, era la de agrandar el espacio para darme algo de comodidad al comer y por supuesto, volver a recuperar mi voz, que si bien no canto para nada bien, es una de las cosas que más me gustan de mi cuerpo.

Así que de nuevo en Maracaibo luego de los exámenes rutinarios se procedió a dos operaciones. Liberar mis brazos de piel que hacía que los mismos, luego de tres horas se recogieran, produciéndome no solo un dolor incomodo sino que además me impedían usarlos para cualquier asunto diario y hacer un par de incisiones a los lados de las comisuras para agrandar mi boca.

Con la decisión en marcha y los cirujanos con su planificación entré al quirófano, a una de las muchas operaciones. Un anestesista nuevo me esperaba, el médico que siempre hacía el procedimiento no pudo estar presente ese día, a todos los conocía, era una paciente habitual, y estar allí era como un día más lleno de atenciones y preguntas, era un equipo maravilloso.

El anestesista venía a colocarme vía intravenosa el medicamento indicado, yo lo miré con sorpresa ya que la mayoría de las veces me colocaban la mascarilla y una vez dormida procedían a inyectarme; sin embargo, me llené de paciencia ya que en mi cuerpo no existen venas visibles, es sumamente difícil tomarme una vía y el calibre era muy grande, mucho menos así, vio mis manos y cuello, y se dirigió al pie; intenté decirle que primero la máscara, que no quería sentir dolor pero pareció no escucharme.

Al primer intento el dolor fue terrible y la mueca de dolor conmovió a los presentes, al instante entraron mis cirujanos, los que conocían cada pedacito de mi piel y le dijeron:

—Colega sin dolor, Adriana ha sufrido mucho, la consentimos siempre —un brillo de alegría y agradecimiento me iluminó y me entregué como siempre a Dios y a los médicos "artistas" de recuperarme.

Al final de la noche una vez que la anestesia dejó de hacerme efecto, desperté en la habitación del hospital, ya conocía la rutina, dolor y paciencia a que todo volviera a su lugar, que todo se desinflamara y esperar al menos unos días para disfrutar de los resultados.

A los 15 días ya volvía a Caracas con mis brazos extendidos, liberados y autónomos, además, con una boca adornada y unos labios un poco extravagantes pero absolutamente funcional, y también con mi voz. Regresó para acompañarme y saber que "yo" era "yo".

Puerto Ayacucho

Ese olor único de la selva, días soleados o muy lluviosos acompañaban mis pensamientos, nuestra casa, el habitad habitual, el lugar que decidimos fuera el sitio para ver crecer a nuestros hijos "Puerto Ayacucho".

Iniciaban las clases y queríamos regresar, los niños a su Colegio y yo por supuesto a dar clases. En ningún momento desistíamos de asistir y retomar nuestra vida cotidiana, es más, era una necesidad y obligación hacerlo lo más pronto posible.

Ante las inmensas dudas de mi papá, quien aún pensaba que debía usar un sombrero con un velo para evitar las miradas indiscretas, preparamos el viaje con ayuda de mi mamá y de los amigos que esperarían en Puerto Ayacucho nuestra llegada.

Así que con el corazón alborotado y nuestras mallas bien puestas, ese viernes tomamos el vuelo a nuestra casa.

Puerto Ayacucho, puedes criticar a esta ciudad de muchas maneras, no es un pueblo que te impresione ni es organizado, pero eso lo compensa su gente, los amigos, y en ese momento histórico:

su tranquilidad, simplemente te atrapa, conozco de muchos que vinieron a hacer una diligencia y se quedaron, es en fin una "tierra mágica".

Cuando sales a la periferia los verdes rabiosos con tonalidades increíbles hacen de las suyas combinadas con piedras negras como el azabache y coronadas con un cielo prístino.

Realmente amo Puerto Ayacucho, no en balde fui alcaldesa siguiendo los pasos de mi padre, pero esa es otra historia.

Cuando llegamos al aeropuerto mi papá se rehusaba a que bajáramos de primero, era como si quisiera que tomáramos el vuelo de retorno, al bajar los últimos pasajeros suspiré, chequee a los niños y bajamos uno a uno.

Nunca podré olvidar cuando vi correr hacia nosotros una cantidad de niños que gritaban de alegría al ver a sus amigos retornar a casa, los amigos de mis hijos y sus padres (mis amigos), se habían hecho presentes para la bienvenida, cálida, llena de sinceridad y alboroto.

Recuerdo a los amiguitos de César tocarle la malla y hacer figuras de superhéroes, eso me reconfortó, la risa, la alegría, el llanto, todas las emociones conjugadas para decirnos que éramos bienvenidos a la vida, que nada importaba, que éramos parte de esa gran familia.

Hasta un periódico local se hizo presente para tal acontecimiento, en fin, fue más de lo que uno puede pedir, miré a mis padres y creo que sus temores se borraron de allí en adelante, solo encontraría en ellos el empuje necesario para hacer con mi vida todo lo que he soñado y no perderme de nada en este maravilloso paseo.

La caravana

Una vez en el aeropuerto, llenos de vida y amor, iniciamos la vuelta a casa, los amigos dispusieron vehículos que colocados unos detrás de los otros parecían una caravana de alguna festividad popular, en ella solo se respiraba felicidad y amistad.

Llegamos a nuestros hogares llenos de una maravillosa energía. Entramos a nuestra querida casa, que era nuestro hogar, uno hecho a la medida de nuestras aspiraciones, bloque a bloque la construimos y en cada uno de ellos estaba impreso el sello de nuestra familia.

"Camelot" es su nombre, por ese reino del Rey Arturo y sus caballeros de la mesa redonda, una casa para crecer y vivir cómodamente, nuestro Camelot lo hicimos a punta de turistas y cuando tocaba parar la construcción cambiábamos una que otra cosa, pero en esencia era el sitio elegido para que crecieran nuestros hijos.

La estrenamos con Stephanie y con la llegada de César nos dio la excusa perfecta para construir una torre donde habitaría nuestro único varón. En fin, era nuestro lugar y al construirla nos permitió darle a los hijos una lección de esfuerzo, trabajo y dedicación para alcanzar lo que se sueña, allí estaba Camelot esperándonos para darnos cobijo.

Entramos y esa sensación extraña de no saber qué hacer, había refrescos, gente por doquier hablando y abrazándose, poco a poco se iban retirando y empezábamos a quedar solos con la sensación de que debíamos comenzar a arreglar los espacios.

Cuando el último de los amigos salió iniciamos con las maletas, Luis, mi hermano, nos esperaba para apoyarnos en los arreglos y tocaba subir a los cuartos, esa sensación de que algo hace falta no expresada pero sentida, estaba entre nosotros.

Resolvimos mudar camas y colchones a mi habitación y establecer el campamento temporal allí, al final fue temporal por muchos años, los niños gozaban de compartir la habitación hasta bien entrada la adolescencia, asunto que agradecí ya que nunca estuve sola.

La caravana que nos llevó a Camelot, permaneció en mi memoria durante muchos años, repasaba cada gesto, cada mirada, cada abrazo, son de esos momentos en que confías en los otros, que te hace la vida más llevadera y que le da sentido al valor de la amistad.

Esa caravana la llevo por dentro llena de entusiasmo y gritos. La rememoraba cuando perdía la fe en algún asunto humano.

Fue tal vez otro de los impulsos más importantes en la vida, sentirnos parte de algo, pertenecer a un equipo y tener amigos, son caricias que te da la existencia y son realmente invalorables.

Limpiar

Hay muchas formas de hacer limpieza, visto en la distancia y en mi crecimiento personal la limpieza del alma es la más importante, conectarte con las maravillas y bendiciones que te rodean, te pueden llevar a ese estado sostenido de felicidad compuesto por lo que puede ser lo que llamamos vida. La limpieza inicial fue de mi casa, pintar, cambiar colores, darle un nuevo aire a los espacios que ahora volvíamos a habitar y entre esos estaba el clóset de Jorge Javier, durante días lo miraba y dejaba la tarea pendiente, continuaba con otros lugares de la casa, hasta el amplio jardín pasaba por la limpieza, como si esa tarea retardara lo del clóset.

Coloqué orquídeas por doquier de esas que se dan con tanta bondad en Amazonas, me distraje en otros logros, en arreglar libros, en rezar, en pensar mi pronto regreso al trabajo y al colegio de los niños.

Sin embargo, el clóset permanecía allí sin ser abierto y sin querer ser abierto. No quería que nada saliera de allí, era ese pedacito intocable, tal vez a parte de mis hijos, lo único que me conectaba con Jorge, eran sus cosas, su ropa.

Aún no podía decidir ni quería limpiar allí.

De vuelta a clases

Una de las razones por las que regresamos a pesar de tener pendientes varias operaciones era el colegio, no solo porque era un asunto académico, sino que ese colegio era fruto de un empeño colectivo de 17 familias en creer que la educación era importantísima para la formación de nuestros hijos, y éramos parte de ello.

Nació el Colegio Ciencia y Tecnología Orinoco, en la churuata, al lado del río carinagua con Alessandra y Etel pequeñas, unidas a Andreina, a Karina y a Mariana quienes coincidían en edad y en amistad, eso reforzó por supuesto el vínculo entre las familias y cuando el experimento creció, ya no eran 4, eran 10 y cada día llegaba alguna familia para preguntar cómo hacían para inscribirse en el proyecto educativo.

Si de algo me enorgullezco es de haber participado en la idea de construir el colegio y de que hoy tenga 30 años al servicio educativo y que me haya permitido educar a tantos chicos, en todos estos años nunca, dejé de dar clases, hice de esto mi vocación y me ha hecho conocer almas maravillosas, siempre decía en mi trabajo como política y persona pública: "dar clases para mí es como trotar para los deportistas, es un disfrute y un placer que me mantiene activa y me hace feliz".

Llegó el día de ir al colegio, primer día de clase, a todos nos encantaba la idea de regresar, amábamos el colegio. Alessandra y Etel se adelantaron como siempre, pasaron por donde sus abuelos a pedir la bendición como era de costumbre y más atrás caminábamos disfrutando de poder hacerlo Stephanie, César y yo.

Engalanados con nuestras mallas y luego de vernos al espejo y repetirle a Stephanie que el lazo azul le quedaba espectacular y que seguía siendo la más bella de la casa, seguimos nuestro camino.

Al entrar por la parte de atrás, ya que teníamos el privilegio de que el colegio fue construido en nuestro propio terreno, los amiguitos de César lo recibieron con el bochinche habitual y Stephanie era buscada de la mano de otras compañeras que le tocaban la malla con mucho cuidado.

Allí quedé sola entre muchos padres y niños que no conocían lo que había pasado con nosotros, ya acostumbrada a las miradas, no me enfocaba en ellas, realmente solo me preocupaba la reacción de los más pequeños quienes ante mi presencia agarraban fuertemente a su padres y hacían preguntas comúnes a mis oídos, llegué a la dirección y vi a otros padres reunidos, uno de ellos me sorprendió con un abrazo muy fuerte del que rápidamente se soltó para sentarse en un banco del parque a fin de llorar mi desgracia, lo miré desde lejos y esperé a que se calmara y luego me le acerqué, hablándole despacio y asegurándole que yo estaba bien, a lo que me respondió, "yo no tendría ese coraje".

Y con esa frase retumbando en mis oídos le agradecí, no sabía que alguien podía considerarme una mujer con "coraje".

Mi firma

Una vez iniciados, los intentos de una vida normal, una de mis mayores dificultades era poder escribir y hacer cheques que me permitieran tener algo de independencia para comprar los asuntos cotidianos.

En las tardes junto a las tareas de mis hijos, yo hacía mi propia tarea, tratar de empezar a escribir y sobre todo practicar una firma creíble para mí y para los bancos.

Esas tardes maravillosas con algunas lluvias, nos devolvían a la rutina y colocaba en mi cabeza asuntos importantes y metas a corto plazo, y evitaba pensar en las próximas operaciones pendientes para mí y los niños.

Hacer planas se convirtió en una obsesión, luego de poder volver agarrar el lápiz, ya lo dominaba a pesar de las limitaciones con los clavos que permanecían en mis dedos aún.

Cuando ahora escribo fluidamente rememoro esos días con dulzura ya que sin ellos no apreciaría tan grandemente mi caligrafía y lo útil de dominar este arte.

Todas las tardes esa era mi tarea en las que siempre contaba con el apoyo de Alessandra y Etel, pero sobretodo, lo más difícil era mi firma, la firma es nuestra identidad, es ese sello que te permite comprometerte, hacer contratos y mover tu dinero, en fin, en esa época donde todo era con cheques, se convertía en lo más urgente de aprender, quería ir al supermercado y hacer uso de mi primer salario luego del accidente.

Luego de muchos días de práctica y manejar el temblor de mis manos, decidí ir al supermercado local, luego de realizadas las compras, cosa que antes hacía a la velocidad de la luz y que hoy disfrutaba, saludaba con calma, le sonreía a través de la máscara a quienes sentían pena por mi estado, aspiraba los olores de las verduras y frutas, esa sensación cálida de poder escoger, conversaba con los que me saludaban, en fin, Puerto Ayacucho se consigue en todas partes.

Llegó la hora de ir pasando los productos por la caja y al fin mi demostración de que era dueña de mi cuenta, que mi firma era yo. "Son tantos bolívares", dijo la cajera, y saqué mi flamante chequera para escribir fecha y monto en números y letras.

Allí frente a todos dañé el cheque, no me salían los números y saqué otro cheque y lo volví a dañar, la cola para pagar crecía y ya no tenía muchas más excusas, con calma lo escribí despacio, salieron los números y letras, y una firma retorcida que seguro no pasaría en el banco, fue plasmada autorizando al supermercado se debitara lo que yo me llevaba. La cajera con paciencia sonrió y decidí hablar con el gerente.

Daniel era su nombre, ese cheque no creo que vaya a pasar, me es muy difícil aún hacer mi firma, casi con susurros se lo dije, temiendo que me hiciera devolver mis compras. Casi en susurros me contestó: no se preocupe siga practicando, yo la llamo. Y una sonrisa de complicidad fue compartida con el gerente del supermercado quien me dio un excelente consejo ¡siga practicando! Y aún lo sigo haciendo, práctico cada día, ser mejor de espíritu y ser mejor ser humano. Amo practicar y nunca dejo de aprender.

De Maracaibo a Paris...

Los viajes a Maracaibo los reiniciamos para seguir con la tarea de reconstrucción, ya habíamos ganado algo de peso y eso ayudaba a que en algunos lugares de nuestro cuerpo hubiese más piel para los injertos. Decidimos que Stephanie y César fueran prioridad en el orden de operaciones, siempre apoyada por mi familia de Maracaibo y mis padres, viajamos a esa tarea.

En el caso de Stephanie uno de sus brazos tenía una limitación de ser elevado, es decir, alzar el brazo, ya que las quemaduras le hicieron una especie de aleta al dorso que impedía ese movimiento. La "pequeña" como le llamaba su abuelo, consentida, muy consentida, era la princesita de la casa y afortunadamente ella se lo creía, digo afortunadamente ya que eso siempre le mantuvo, la autoestima altísima, que en este tipo de accidentes era imprescindible.

Fuimos entonces al hospital para su siguiente operación, llegó estupendamente vestida, hasta con una boina color rosa y con un estilo afrancesado que amaba y que su tía Isa se esmeraba en entregarle.

Confiada y bien dispuesta a pesar de su corta edad entró al quirófano nuevamente, donde no una sino dos veces le fue cortada en forma de "z" esa aleta que le impedía mover sus extremidades con agilidad, de allí a rehabilitación y durante largos meses de entrenamiento alcanzó prácticamente el 90% de su movimiento.

Stephanie volvió a colocarse las mallas y regresó al colegio, no era fácil su nueva piel, tierna y recién cicatrizada, era lastimada por la malla y en ocasiones sangraba, quedando adherida la piel a la malla, ocasionando un dolor de muy alto nivel y que hacía que Simón, su mejor amigo y compañero de clase, la acompañase a la dirección cuando el sangrado era fuerte y las lágrimas se asomaban a los ojos.

En uno de esos días difíciles y de regreso a casa, luego de sacarle con mucho cuidado la malla, limpiarla, bañarla y consentirla, se desanimó frente al espejo y me dijo "algunos niños cuando sangro mucho les da asco, mami".

Mi corazón se encogió, una no quiere que su hija pase por el sentimiento de la tristeza, del rechazo, y menos que puedan sentir asco. Mi reacción fue pararme con ella frente al espejo y decirle.

—Princesita, mira lo bella que eres, lo generoso que fue Dios contigo, tienes una carita hermosa y está llena de vida. Esto va a pasar, tus heridas sanarán y no vas a sangrar más, es difícil que otros niños entiendan lo que te pasa, pero esos son poquitos, la gran mayoría de tus amigos están contigo, te apoyan y se preocupan, no les hagas caso. Eres bella y tu ángel de la guardia siempre te acompaña, no te olvides que siempre está contigo y lo más importante eres muy bella, demasiada bella —colocándola frente al espejo.

Con su manito me tocó la cara.

—¿Y tú, mami?

—¿Yo qué hija?

—Tu cara, mami —a lo cual sonreí.

—Somos bellas y estoy feliz que mi rostro esté quemado y que estoy aquí contigo —ambas nos abrazamos y besamos y no recuerdo que en ningún otro momento Stephanie tuviera otro complejo o duda sobre nuestras quemaduras.

A partir de ese día sanó, usó las mallas, hizo terapia y fue siempre más diva y dueña de sí misma, se convirtió en una especie de doña Bárbara con hermosos sentimientos, pero diva al fin.

Batman

No recuerdo otros adornos a lo largo de los cumpleaños de César Luis que no fueran de Batman en todas sus épocas, el clásico Batman, el renovado, el ultra fuerte, el del traje negro completo.

Ese súper personaje que veía de niña y que no me parecía sino una diversión matinal se convirtió en el súper héroe de Césarin, todos los años al acercarse su cumpleaños, ese era el motivo con el que decoraría su celebración, incluso cada carnaval era su atuendo y una vez terminada la fiesta de disfraces permanecía con la capa por meses, al punto que hizo que su abuela le cosiera una azul para llevarla permanente como un uniforme escolar.

Unos obreros que trabajan en una obra cerca de la casa, un día preguntaron porqué ese colegio tenía como uniforme una capa, ahora que lo pienso deberíamos usarla siempre y tal vez no se nos olvidaría lo importante que somos y que nada es imposible en esta vida.

Luego de su accidente César desarrolló una gran capacidad de ser un globo lleno de oxigeno de amor y alegría, no conozco a nadie quien no haya disfrutado de su presencia, después de grande mantiene ese ingenio, haciendo del humor una fortaleza para las adversidades, ese carisma hacía que todos sus amigos quisieran armar equipo con él, hacer travesuras con él, recoger ranas para perseguir luego a sus maestras y los adultos, alentarlo para una ronda de conversación amena y risas.

César Luis Contreras luego de su papá era el más grave de todos nosotros, un milagro nos lo devolvió, nunca lo escuché quejarse de su aspecto, su superhéroe nunca durmió, al contrario, el accidente lo volvió más solidario, de mejor talante y extremadamente amoroso.

Su recuperación fue lenta, sus piernas quedaron en muy malas condiciones, incluso llegamos a pensar que cojearía por las innumerables adherencias que le quedaron, pero no fue así, su recuperación fue dura pero jamás se rindió, ese problema de la pierna nos ocupó durante muchos años, le dimos prioridad a la funcionalidad del cuerpo y dejamos que el cabello creciera para tapar la extensa quemadura de la cabeza, usaba gorra e hicimos planes para cuando estuviese más grande ya que la operación requerida de insertar un globo y de inflarlo.

Se graduó de bachiller y siempre había mucho por hacer, esperamos a la universidad, luego a que se graduara y por último se rindió al amor y allí ahora casado hay otras prioridades, y la verdad, está muy feliz y sin ningún complejo, camina con su gran estatura siendo un gigante, lleno de rebosante felicidad.

Un minuto con él y serás feliz por siempre, me lo repito calladamente cuando mi amor de madre se acurruca por la distancia física entre ambos.

Conmigo y sin ti...

Suena como un bolero de los que se solían escuchar las tardes de domingos en el aparato de sonido de mis padres, esas letras que luego de adulto uno las entiende, podría tratarse del capítulo más importante de la vida de una persona, estar con uno, con uno mismo, y estar además bien o mejor acompañado que con nadie, ser en fin la mejor que compañía que uno pueda tener.

Pero no siempre es así, generalmente uno nace en una familia, numerosa o no, y siempre estamos rodeados de personas, en la casa, escuela, el trabajo y cuando uno se enamora no hay espacio físico que permita el no estar con ese amor encontrado.

Perder a tu pareja no por una ruptura, sino porque te toca vivir la perdida y además como en mi caso, no lo vi, no lo sufrí al momento y no lo enterré, es no cerrar capítulo y no poder trancar la puerta sin la certeza de que se terminó, te llena de dudas a la hora de afrontarlo, no hay explicación a la incertidumbre de si creerlo o no, si pasó o no pasó y si lo que vives es real y la típica pregunta ¿por qué a mí?

Cuando regresé a la casa el vacío en el corazón y en el alma se hacía inmenso, ese vacío cubre toda tu existencia y no sabes por dónde empezar, te cuesta levantarte y no saber ¿cuánto café haré? ¿Saco las dos tazas? Esos simples pensamientos cotidianos que no son seguramente importantes te atacan desde la mañana, la inmensidad del cuarto, el silencio de la noche.

El día que me dispuse a vaciar el clóset de Jorge Javier, le pedí a unos amigos que se llevaran a los niños, sabía que sacar sus pertenencias no era fácil para ninguno, pero por más que no quería hacerlo, debía, era un asunto de seguir adelante.

Pasaron al menos 3 meses hasta que decididamente abrí el clóset, lleno de ropa que olía a esa humedad típico del guardado, le pedí a mi hermano Luis que me acompañara, él se limitó a un respetuoso silencio pero tan cálido, como si sobre mi cabeza estuviera su mano alisándome suavemente el cabello.

Luis me ayudó a doblar, a seleccionar, a abrazar, y se hacía a un lado cuando me quedaba por ratos besando, oliendo o apretando sobre mi pecho la ropa que aun guardaba algún aroma de recuerdos.

Fue una tarea de un día, solo interrumpida por lágrimas y recuerdos, no recuerdo haberlo extrañado tanto y ese día fue el entierro, cerré el círculo de la despedida, con el amor que nos merecíamos y la felicidad de que lo tuvimos y fuimos uno por un largo tiempo.

Conmigo era la palabra que me venía a la mente, esta vez solo estaba yo y decidí que vivir conmigo iba a ser una nueva aventura que debía afrontar, con la misma dedicación que a una nueva pareja, en muchos años yo sola debía decidir y empezar esta nueva relación conmigo y sin ti.

Manejar...

Siempre he sido muy independiente, nunca creí en las dependencias y por supuesto apenas tuve 15 años aprendí a manejar, me gustaba el ir y venir, el aire de libertad que te da desplazarte de un lugar a otro, en ocasiones, en Puerto Ayacucho, sin el conocimiento de mi padre, salía con un jeep a los ríos, incluso confieso haber chocado y colocarlo en su sitio para cuando él llegara de viaje no lo notara y bajo la complicidad de quienes quedaban a cargo decir solamente "¡no sé qué pasó!".

Manejaba por placer y cuando trabajé en turismo, por trabajo y placer, incluso con una avanzada gestación lo seguía haciendo, creo que siempre entendí que trabajar me gustaba y pasear con los turistas: mucho más.

Luego del accidente y estando en Puerto Ayacucho dependía de un chofer que trabajaba con nosotros desde hacía unos años, un señor mayor de nombre Enrique que vivía en una de las casas del campamento, él fue solidario y esperó en la casa manteniendo los vehículos y sobre todo una Van a la cual le dedicaba tiempo como a una novia.

El señor Enrique la pulía, aceitaba y se convirtió en una suerte de mano derecha en el ir y venir diario, junto con él planeamos un viaje a Mérida con los niños, era parte de un plan familiar que teníamos con Jorge, ir desde Puerto Ayacucho a la zona andina en carro.

Lo hicimos en vacaciones escolares, fueron unos hermosos días de vistas, frío, risas y diversión con mis hijos, hicimos de ese viaje un recuerdo familiar hermoso e íbamos cerrando los pendientes en nuestra casa.

Al regresar lo sentí como apenado por lo que me iba a decir y al fin lo soltó:

—Quiero ir a mi casa, necesito realizar algunos asuntos personales.

—Lo entiendo, es lógico Sr. Enrique ¿cuándo sería?

—El próximo viernes.

Aproveché esos días que quedaban para ir al supermercado y hacer otras diligencias, con el temor de quedar aislada hasta la llegada del Sr Enrique.

Pensé, semejante tontería la mía, si yo nunca he dependido de nadie, cómo no voy a dormir pensando en que se va a ir el Sr Enrique, yo misma me daba ánimos, pero al final del día la dependencia carcomía mi cerebro y no hacía sino pensar en el encierro y al asomarme a la ventana la Van parecía un objeto imposible de poderlo usar.

El autobús pronto saldría y era la hora de que el Sr Enrique saliera de la casa, desde mi ventana lo vi con una pesada maleta antigua con la que algún día llegó a mi casa y colocó sus manos en la cintura como evaluando cómo quedaban las cosas y comenzó a caminar pesadamente casi doblado por el peso del equipaje, en ese instante me sentí muy inútil pero más que eso, cobarde y abrí la puerta de la casa y le dije espéreme yo lo llevo.

Su mirada de asombro y su gesto en los labios se convirtieron en una sonrisa, animándome a la tarea que yo misma me impedía realizar, le di la llave y luego se la quité y me monté con algo de dificultad pero decidida a recobrar mi habilidad en el volante.

Poco a poco retrocedí y luego con él y su maleta arranqué a la terminal de buses, en silencio absoluto y yo con máxima concentración, ya que mi agilidad estaba a prueba, lo llevé y lo despedí con un abrazo

Él no regresó, creo que pensó que su misión conmigo estaba completa. Desde ese día recuperé el gusto por manejar y de ir y venir sin esperar por otros.

Compañía

Durante nuestros viajes al interior del Estado Amazonas además de su particular belleza, descubrir parajes insospechados, la densa selva y los sinuosos ríos por donde transitas, que hace que las largas horas de navegación sean un momento especial para pensar o simplemente dejarte ir con las estelas que deja el bongo, te regala además el encontrarte con seres maravillosos.

En nuestros viajes al Alto Orinoco, solíamos parar en una comunidad yanomami, El Sejal, allí establecimos una ruta con turistas que nos permitía además pernoctar un par de noches y compartir con los miembros de la comunidad comidas y noches alrededor del fuego.

Jorge con su especial manera de vivir y entregarse a lo que hacía logró a través de los ríos dejar conocidos y amigos que al saber meses después por la falta de comunicación, su ausencia, aún iban a darme el sentido pésame a mi casa.

Una vez en particular, muy temprano en la mañana, los perros de la casa parecían desatados y con una furia inusitada ladraban, que me hizo asomarme a la puerta a ver qué pasaba, frente a mi casa estaban 2 familias yanomamis que pertenecían a esa comunidad, El Sejal, ellos se enteraron que no llegaban más turistas porque tuvimos un accidente y aún no lo creían, ya que ciertamente tenían una excelente relación con Jorge al punto que uno de sus hijos llevaba su nombre.

Se plantaron en la puerta de mi casa hasta que abrí, cuando lo hice aún tenía mis mallas en uso y pude percibir el susto de las mujeres y los niños que se aferraron a las faldas y al pecho de su madre, tímidamente les dije "es Adriana", ellos me conocían y no daban crédito a mi nuevo yo. Bajaron la cabeza y casi sin mediar palabra comenzaron a agarrarme la cabeza en busca de mi cabello y tocando tímidamente mis brazos envueltos en la áspera tela. Seguidamente me explicaron que se habían enterado y como era viuda iban a quedarse unos días acompañándome y velando por mí.

¡Qué gesto, tan maravilloso! Increíblemente tenía 2 familias rondando mi hogar, limpiando con machetes alrededor de la casa, haciendo un fogón para sus alimentos y sentándose a mi lado. Las largas horas de la tarde noche.

De vez en cuando subían a los "yopos", árboles que poseen un alucinógeno utilizado por las comunidades indígenas y que sirven de puente con un mundo real y uno que está más allá.

Un mes después y luego de una sesión de yopo en la mañana les vi recogiendo sus pocos objetos, intercambiamos gestos, palabras y algunas provisiones y se despidieron dando por cerrado su acompañamiento y vaticinando que yo saldría adelante.

Los volví a ver años después, ya Jorge, su hijo, era un adolescente y cuando llegué a la comunidad me recibieron con esa sonrisa de quienes han pasado cosas juntos.

La solidaridad es intrínseca en los seres humanos y nuestros indígenas entienden muy bien lo que es vivir en comunidad y sentir lo que siente el otro, su compañía fue grata, no había mucho que decir y su presencia fue eso, compañía de las que uno sabe que nunca vas a estar solo.

Decisiones

Las largas cabelleras de Alessandra y Etel solían adornar sus rostros atractivos de adolescentes, a esa edad donde las hormonas hacen sus festejos y se suele ver el mundo con algunas complicaciones, tal vez no para ellas pero sí para quien debe guiarlas, ellas no fueron la excepción de la regla y el ser madre implica el tomar decisiones y hacerlo sola, tal vez esos dilemas existenciales son los más agudos para los adultos que criamos sin la pareja, no hay a quien consultar ni con quien discutir la decisión que uno pueda tomar. Desde ir a un simple paseo o hasta que hora estar en una fiesta y sobre todo si ellas disfrutan de ser sociales e ir y venir.

Recuerdo un viaje organizado por dos grandes amigos a Manapiare, una región al sur este de Puerto Ayacucho, un lugar hermoso y selvático, esas vacaciones serían ir en dos horas de vuelo, en avioneta, y retornar unos quince días después por barco parándose en cuanta comunidad indígena se atravesara, una gran aventura, de la cual ellas querían ser protagonistas, irían además con unos seis amigos compañeros de clase, lo que prometía una diversión adicional a esas vacaciones.

Recuerdo que una vez que dije "sí, pueden ir", entre dientes, la planificación del viaje se tornó en una experiencia logística, Mientras yo en las noches permanecía horas pensando en la avioneta, en los ríos y en cuanta fantasía adornaba mi mente con incontables peligros, era una alerta permanente en mis sueños y el temor de que salieran de mi lado.

Sus rostros, en la mañana de la partida, irradiaban la alegría de la libertad y de la sana diversión, nada lo prepara a uno para fingir tranquilidad cuando la verdad es que quieres llevártelas de vuelta a casa y tenerlas en su cuarto solo viendo televisión.

Sé que eso es imposible pero le aseguro que si es padre compartirá conmigo ese ridículo criterio, las abracé y bendije un montón de veces y repetí:

—Usen el salvavidas en el río, no naden en el río solas, cuidado con las culebras —y creo que finalmente me quedé hablando sola porque vi solo sus manos en el pequeño avión, decirme adiós con una enorme sonrisa y jugueteando con uno de los compañeros que iba en el mismo vuelo.

Pude tener acceso a la torre de control, luego de pedir unos favores y allí vi la avioneta salir y mis lágrimas correr, con el corazón sobresaltado aún no controlaba el miedo a la separación, sabía que la iban a pasar muy bien, pero la tristeza arropaba mi alma como una manta donde uno se esconde del frío, no sé cuánto tiempo pasó pero estas horas sonaron a una eternidad, hasta que el silencio de mis oraciones fue interrumpido en la torre de control por el reporte de la aeronave aterrizando en Manapiare.

El controlador me miró como sugiriendo que yo debía irme y dando las gracias me despedí, entendiendo que el miedo es un sentimiento muy bajo, muy gris y que si quería una vida de colores para mí y mis hijos, dependía de la confianza en que todo iba a salir bien. Hasta ahora todo había salido bien, confía, me dije, todo va a seguir saliendo bien...

Poder

Ser mujer ya de por si es una bendición y a mí me tocó una bendición de época, cuando nací las mujeres estaban en la búsqueda de la liberación femenina y a medida que pasaba el tiempo las anticonceptivas, los estudios y el estrellato femenino era cosa común.

No tuve que hacer mayor esfuerzo por convencerme que podía ser lo que me proponía ser y hacer. Me lo creí desde un principio y por eso no me gusta mucho el término feminista, me considero igual a los hombres y más bien creo en el concepto holístico de ser humano, ciudadano del mundo me encaja mejor.

Luego de esta historia muy mía, uno empieza analizar los estereotipos de la belleza femenina y sobre todo las capacidades de poder seguir avanzando y uno trasciende a lo físico para cultivar cosas más importantes y reveladoras como es el crecimiento de tu ser interior, sin embargo, no dejamos de vernos en un espejo, usar tratamientos de belleza, mejorar tu aspecto físico para hacerte primero agradable a ti misma frente al espejo y para la visión que reflejas al mundo.

Para mejorar mi aspecto seguí intensamente operaciones con consejos de estética y belleza no solo de mis cirujanos sino de amigas que se atrevían a decir "esto si te queda bien o esto no".

En una de las visitas al médico ya había ganado peso y mis curvas parecían decir que allí vivía aun una mujer, el doctor recomendó prótesis mamarias y que luego fuera a tatuarme las cejas para enmarcar los ojos, "eso te dará el marco necesario a tu mirada", me dijo.

Muy nerviosa corrí a hacer las diligencias y me sometí a prácticamente mi única cirugía de coquetería, nunca tuve un gran busto y la propuesta prometía. Terminada la jornada y luego de la desinflamación lucía por primera vez en mi vida una camisa donde el escote denotaba sensualidad, me sentí sexy, muy sexy y aprendí a amar el frente delantero que ahora poseía y que pavoneaba como la mejor de las misses.

En conjunto con mi nuevo peso, nuevas cejas y mi busto, decidí que era hora de comerme el mundo. Solo bastó creérmelo para seguir adelante con lo que viniera, fiestas, trasnochadas, parrillas, viajes, disfrutaba de una nueva adolescencia mejor que la que tuve porque no había que pedir permiso, solo salir, sentir y ser sobre encima de todo, mujer.

Heridas emocionales

Durante esta experiencia las heridas visibles a los ojos de todos seguirían su curso para algunos las expresiones de asombro en su cara eran inevitables, no mucha gente luego de estos percances hace vida pública como la que he mantenido yo, a riesgo de que algunas personas te coloquen algún sobre nombre como "la quemaita" como algunos solían decir.

Esas cicatrices las llevo siempre con mucha dignidad, son el recuerdo de un evento que cambió absolutamente mi vida, pero ¿las heridas que no se ven? ¿Las que están en lo más profundo de ti? ¿Los temores y miedos? Todos esos pensamientos recurrentes siempre volaron por mi mente y todo conducía a la búsqueda incesante en mi largo caminar, eso que yo llamo heridas emocionales, fueron cicatrizando tal vez con más lentitud pero cerraron en la medida que iban pasando personas por mi camino.

Desde la chispeante compañía de mis amigas que me invitaban a largas noches de bailes en lugares inolvidables donde alguien se atrevió a sacarme de la mesa y descubrirme bailando con toda mi feminidad al aire, de la mano que de quienes se atrevieron a lanzarme un piropo o a invitarme a dejarme creer todo lo que soy y que la belleza trasciende a lo que está en tu interior. Sanaron cuando aprendí a disfrutar de algunas cosas mundanas que no había sido capaz de disfrutar antes, de aceptar además que mi belleza estaba intacta y que no había nada que temer.

Fue maravilloso sanar desde el interior, descubrir que la verdadera belleza es intemporal y que simplemente ser tú es imposible de ocultar así tu rostro se haya derretido, es como cuando vez un árbol a punto de perecer y un tímido retoño verde se asoma en un costado de una rama.

Por lo tanto, si uno lo siente, si uno lo sabe y además es capaz de alimentar la idea, jamás nuestra verdadera esencia podrá ser opacada.

Me descubrí abriendo mi corazón a nuevas experiencias, a disfrutar de bellas compañías, a despertar sonriendo y eso indudablemente es vivir.

Formula

No tengo talento para física o química así que se me dificultan las fórmulas y además creo que no existen fórmulas únicas para algo tan sencillo como es la felicidad, cada uno de nosotros es un ser divino y especial pero más importante es que somos únicos e irrepetibles eso sí, unidos por esa energía del padre creador.

Cuando decidí escribir el libro fue un acto de agradecimiento a la vida y a las personas que pasaron por mi camino dándome apoyo incondicional. Sin ellos nada sería igual, solía además admirar a las personas que superaban grandes batallas y vivían en una constante lucha para lograr cosas, hasta que me di cuenta que esa definición que tenia de mí "ser luchadora" colocó una etiqueta a todo en mi vida, era como que si le gritara al universo "soy luchadora" y este me enviara otro y otro reto.

Caminando me encontré muchos signos y señales en forma de humanos, libros, charlas, programas interactivos y cursos. Pero finalmente me encontré a mí misma y fue como despertar de esa somnolencia en que la sociedad te sumerge a su antojo haciendo copias de tu vida o formas de que copies la vida de otros y no te enfrentes al espejo de la tuya propia.

Encontrarte es maravilloso, puede que al principio no te gustes pero te aseguro que finalmente te amaras como nadie podrá hacerlo.

"Pide y se te dará" reza el nuevo testamento, y pedí retos, luchas, y las tuve una tras otras, la vida me daba lo que pedía y al final de cada batalla yo me miraba como la heroína de la película, ciertamente no fue fácil, pero más difícil fue entender que eso era lo que yo había pedido, el poder de la palabra, el verbo es un asunto muy difícil de entender. ¿Quién no dice pobrecito yo? O simplemente toma un número de rifa y dice "te lo compro pero sé que no voy a ganar", todas esas frases conforman lo mal educados que estamos en ser conscientes de lo que decimos y cómo el poder de la palabra se queda en nuestra mente hasta convertirla en una realidad.

Esto requiere de un modelo de crianza y educación diferente, que requiere además de nuevas generaciones formadas en otros aspectos más importantes en la vida que las materias tradicionales, tal vez me equivoque pero en el camino nada es una verdad absoluta.

Me amo y amo a quienes me acompañan en mi vida, a mis padres, hermanos, hijos y a mi pareja. He aprendido a disfrutar del café de la mañana y la lluvia que antes no me gustaba, esto para mí ha sido crecimiento y construir como decía el poeta Sir Edwards Dyer en su famoso poema del siglo XVI "mi mente mi reino es".

He edificado mi propio reino, uno donde la tranquilidad la construyo yo y lo restante viene por añadidura, esto me permite disfrutar de mis logros y enfocarme en el futuro que es hoy.

Agradecimientos

Quiero agradecer a Dios ser supremo que guía nuestras acciones, a mi familia, sin ellos todo sería diferente y a quienes se cruzaron en mi camino colocando lecciones para mi experiencia de vida.

Índice

Prefacio	13
El inicio	15
Avisar	21
Familia	23
Segundos chances	27
Enseñanzas	35
Volver a nacer	37
Otros lugares...	43
Podrás hacerte cargo	49
Los que quedan en casa...	53
Hacer la tarea.	55
Los más pequeños	57
Mamá	61
Caminar y saltar	63
Dolor.	69
Despedida.	73
Las olimpiadas...	79
Alegría.	85
Día a día.	91
Control.	95
Últimos detalles...	97

Libertad	101
La carta	105
Isa y Gilberto	109
Power Rangers	111
Volver a empezar	115
Visitas	119
Oración	123
Reparaciones	125
Puerto Ayacucho	129
La caravana	133
Limpiar	137
De vuelta a clases	139
Mi firma	143
De Maracaibo a Paris...	147
Batman	151
Conmigo y sin ti...	155
Manejar...	159
Compañía	163
Decisiones	167
Poder	171
Heridas emocionales	173
Formula	175
Agradecimientos	179

Made in the USA
Columbia, SC
22 November 2023